今村昌平
草疯长

映画は狂気の旅である

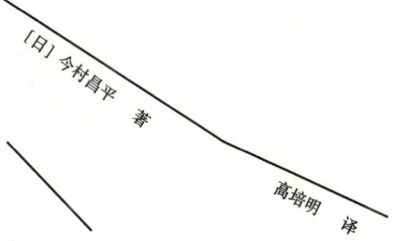

Shohei Imamura

[日] 今村昌平 著

高培明 译

新星出版社 NEW STAR PRESS

雅众文化 出品

目录

前言：不上算的工作　　　　　　　　1

早熟的大城市少爷　　　　　　　　5

鬼今平　　　　　　　　　　　　　39

拍平民，拍神灵　　　　　　　　　83

走向创造的旷野　　　　　　　　　129

全作品列表　　　　　　　　　　　169

老爷子的侧影　　　　　　　　　　185
　　——儿子眼中的今村昌平

附录：年谱　　　　　　　　　　　197

前 言

不上算的工作

拍电影实在是个不上算的工作。这是个混迹电影圈半个多世纪、完成了二十多部作品（包括纪录片）的人的大实话。

先得求爷爷告奶奶，游说赞助商，抵押房屋筹措资金；好不容易要开拍了，又会赶上天公不作美；要是没拍出称心的镜头，还会连续几天夜不能寐；电影这玩意可不是绞尽脑汁洒尽汗水就一定能成功的。

赚钱更是不用提了。从日活[1]辞职以后，我以导演费的名义领到钱的大概只有一两次。就是说，从三十八年前独自成立制片公司至今，不是吹牛，我几乎都是在靠借钱过日子。

---

[1] 日活：日本电影公司"日本活动写真株式会社"的简称。

新账旧账加在一起,我的债台已高筑到了八位数,不知自己死之前能不能把债还清。

所以一旦有人问我拍电影究竟有什么意思,我着实难以回答。硬要我回答的话,只能说我觉得世上的人很有意思。拍电影就是仔细观察分析"人"这种说不清道不明的、有魅力的动物,进而构筑其银幕形象。对于从事这项工作的人来说,便必须全方位地深入探索人性,所以,这项工作具有无限的乐趣。

如何才能捕捉、揭示难以捉摸的、形式不定的生物?当你窥见这项工作的些许有趣之处时,就再也难以撒手不干了。之所以有许多不畏艰辛的年轻人接踵来到我设立的电影学校,又甘愿贫寒地毅然踏上这条道路,肯定也是因为这个缘故。

我开始对世人抱有无尽的兴趣,要追溯到"二战"后的黑市。日本战败时我十八岁,作为生长于东京一个富裕医生家庭的少爷,以往被培养的价值观此时完全被改变了。在早稻田大学学习期间,我几乎有空就到池袋或新宿的黑市去。

那里像是一个没有任何约束的区域:满目充斥着争吵、械斗、卖淫之类种种恶行;不问年龄、阶层,任何人都能赤裸裸地直抒己欲。韧劲十足的精明女贩、邋遢懒散的退伍老兵、暗中索贿的巡逻警察……对三教九流的观察,为我日后在电影中塑造有血有肉的人物形象提供了无尽的素材。

电影中的主人公我基本上选的是生活在社会底层的无名人士，尤其喜欢描写女性。就像《赤色杀机》和《日本昆虫记》中的女主角那样，这些被置于逆境中的女性不顾一切顽强生活的形象，展示出人不可估量的神奇潜能。

同时，我还一直关注着战地未返乡的士兵、下南洋的卖春女、无辜受歧视者……在战后日本追求富裕的背后，有许多被遗弃的人。即使现在到了二十一世纪，看看那些被朝鲜绑架后长期未受关注的人，我也忍不住想说：虽然战争已经过去将近六十年，但这个国家的基本状况还是没有任何改变。

电影题材还有许许多多，如今我正每日强打精神着手准备下一部电影的剧本。既然喜寿[1]已过，就此回顾一下过往岁月也不错。说来，吾师小津安二郎、川岛雄三这两位导演已然辞世西归，挚友浦山桐郎，我的得力摄影师姬田真佐久、栃泽正夫亦皆名登鬼籍了。

回忆，是将日渐淡漠的记忆断片连接起来的工作。既然通过讲述我自己的经历能够将电影的乐趣传递给读者，那我就斗胆一试吧。

---

[1] 喜寿：指七十七岁诞辰。

早熟的
大城市少爺

艺术家的血统

祖先，是了解人的重要线索。写电影剧本的时候，我乐意凭借想象追溯到主人公的上三代，为他做一个家谱。譬如这个人的母亲是小妾啦，祖父会发酒疯啦……不把他的家谱做好，我是不会下笔写故事的。然而轮到自己的时候，探寻祖先就未必都是令人愉快的发现了。

我的曾祖父叫今村幸太夫，他在兵库县加东郡东条村（现在的加东市）继承了代代相传的族长职务，可是太缺乏经营能力和办事能力，整天只会悠闲地画画，结果族里开会决定把族长职务转给他弟弟，让幸太夫自己去分家另过。

幸太夫的长子德治失去了本该由自己继承的财产后懊恼至极。德治接任了族长的叔叔在1889年参选第一届众议院议员时，村里只有一个人投了白票表示反对。这件事全村马上都知道了，而那时可不是允许背叛本族的时代啊。这一来，德治在东条村无法待下去，只得带着三十岁的老婆鹤子和独生子半次郎跑到大阪去了。这个半次郎就是我的父亲。

然而，德治离开村子前卖掉房屋，带走了相当资产。他到大阪后当了警察，开始一边在各个镇子巡逻一边搜寻值得投资的地方。于是有一天，德治在玉造的一条小巷里邂逅了姓宫林的兄弟俩。宫林兄弟当时浑身黢黑，正在一个不到十平方米的小工厂里干活。他们说自己学过镀镍技术，于是德治拿出全部财产，把那个小工厂连同他们俩一起买了下来。不出所料，他们的事业发展迅速，以至后来在那里还留下了"宫林町"这地名。

可是德治自己在投资之后不久就死了，所以好像实际上并没能从投资给宫林兄弟的钱里获得回报。德治的老婆鹤子在大阪无依无靠，生活顿时陷入了困境。她哭着去宫林家央求，总算让宫林兄弟同意设法为她支付儿子半次郎的学费和生活费。

半次郎是个成绩优秀的孩子，从上大阪的天王寺初中时起就是特优生。升入东京第一高中后，又以第一名毕业，考进东京帝国大学，矢志攻读医学。据说他的才华，当年兵库县的报纸曾经大幅报道过。

我手头有一本父亲留下的德语笔记,曾经使我对他的学习精神大吃一惊。那上面先用铅笔密密麻麻地记下笔记,然后把本子反过来用绿墨水写满字,最后又用黑墨水写了一遍。这让我清楚地看到,在贫困的生活中,他是何等锐意节俭,决不愿浪费一点贵重纸张啊。

父亲说自己如果条件允许的话本来不打算当临床医生,而是留在大学里继续研究的。还听说学校已经快要决定让他这个年轻有为的学者去美国留学了。可是由于宫林家的资助中断,他在经济上走投无路,只能在1914年的时候去东京的京桥木挽町开了一家耳鼻喉科诊所。

父亲自豪地说起过,当年新国剧[1]的创始者泽田正二郎曾经到他这里来治疗过中耳炎。泽田正二郎后来由于中耳炎而去世,我有个说话刻薄的朋友到处胡说杀死他的是"今村的老爷子"。有一段时间坊间竟然相信这个毫无根据的谣言,认为泽田正二郎的死是因为我父亲的过失。

由于1923年9月1日的关东大地震震坏了诊所,父亲把家搬到了大塚。我就是在大塚出生的。

---

[1] 新国剧:泽田正二郎1917年为开创新的国民戏剧而成立的剧团。

如此看来，在我们这个家族中，除了祖父德治之外，没有一个人有理财的才能。勤奋好学的父亲虽然是个优秀的医生，但缺乏经济头脑，加上战争的影响，最后没有留下任何财产。不过，我可经常吹嘘自己有个好曾祖父。我虽然做买卖不在行，但还是继承了曾祖父艺术家的血统。四十五岁那年，为了确认这个艺术家血统，我走访了东条村。

父亲一直到1960年他七十六岁死去为止，都没想过回一次抛弃了自己和父母的故乡，所以我之前也没有踏上过那块先祖生息的土地。我觉得难得回故乡一次，就带着当时在上小学五年级的长子大介一起去了。

我对出租车司机说要去今村本家，司机告诉我："今村本家的当家人现在正当着农协的会长。"路上看见有座航空母舰般巨大的房子，外边围着长长的白围墙，坐落在一块大约十公顷的田地正中央。司机说，那就是今村本家。

我先到农协去，在一间屋子里第一次见到了今村本家的当家人。他六十来岁，长得跟我父亲一点也不像。由于我父亲上过报纸，所以他知道我父亲当了医生，当然，见是一次也没见过。虽然我告诉他自己就是那个"当医生的今村"的儿子，但他不明白我来干什么。只见他一脸狐疑，目不转睛地盯着我们，似乎怀疑我们是骗子。

我小心翼翼地问:"对不起,贵宅是否还留有一个叫幸太夫的人的画?"

"你问它干什么?"

"干什么……我想看看曾祖父的画……"

"哼,不知能不能马上找得出来啊。"他就是不站起来,看得出是嫌我们给他找麻烦。

"我们这就去贵宅拜访。"我有点自说自话地带着大介径自朝田地中间的"航空母舰"走去。

在面对精巧园子的漂亮客厅里等了一会儿,高雅的夫人就把画给我们拿来了。我才望了一眼,就禁不住"啊"地惊叫出声来。那是些很糟糕的画,画的净是些蹩脚的龙和跟猪差不了多少的马,比路边摊子上卖的一笔画还糟糕。以前听说曾祖父当时还收过弟子教画,看来这话完全无法令人相信。

看了他的画一下子就明白了,幸太夫根本不是什么艺术家,不过是个无法操持本家事务的懒人。当然,这种画可不是我想带回去的玩意。

对自己血统的期待彻底破灭,我突然感到肚子饿极了。

父亲和母亲

我出生于1926年9月15日,是东京大塚的耳鼻喉科开业医生今村半次郎与妻子竹节生的孩子,是年父亲四十二岁,母亲三十二岁。我是四个孩子中最小的,有洋一、哲郎两个哥哥,一个姐姐叫道代。我的名字是父亲起的,取自于汤岛的"昌平坂学问所"这个名字,意思是要我好好做学问。

母亲竹节出身于北海道的小樽,是一男三女中的长女。她从小樽女子高中(现在的小樽樱阳高中)毕业后,经过相亲与父亲在1915年结婚。听说她娘家姓山本,是原来住在仙台那一带的士族,明治初期才移居到小樽去的。相对于父亲的血统而言,我不太清楚母亲家的血统,但我知道山本家的墓地在东京的谷中陵园里竖着大大的石碑,紧挨在德川家的陵庙旁。由此看来,母亲的血统说不定是很显赫的。竹节自己的父亲好像是小樽公证人公所的职员。

竹节出生于明治中期,体形高大,身高有一米六多,与同时代的女性站在一起,看上去要高出一头。她性格有点像自己的体形,可以说很豪爽,或者说有时稍显粗暴。要是做饭时灼伤了手,虽然疼得直皱眉头,但她会把手上的同一个地方照样再灼烤一次。她解释说这样一来皮肤上就不会留下疤痕，不过这种说法我在别的地方可从来没听说过。当时屋子里飘逸的人肉焦灼味直到现在我还记得，那气味难闻得无法形容。

小时候，母亲经常做咖喱饭给我们吃，记得那在昭和初期可是挺时髦的食物。她不愧是北海道长大的，用鱼做菜也很拿手。经常买来大大的一整条大马哈鱼，然后自己把它开膛破肚，分解成小块再做菜。

还有一件事很能说明她的臂力。战争中为了激励出征的士兵，人们经常会把罐头和饭团投进士兵们乘坐的火车窗户里，同时接住士兵们从车窗里抛出来的写给家乡亲人的信。

大塚车站就在我家门前，当时那一带的铁路高架线虽然没有现在这么高，但是要从人行道上对准高架线上的火车窗户将东西投进去，就是一般的男子也得费很大气力。可是竹节轻巧地把东西一个个投进车窗，好像根本不费劲似的。虽然也有没投进车窗的时候，但母亲展示出的臂力，还有出征士兵们争先恐后从窗口探出身子抢着接大马哈鱼罐头的情景，都深深地印在了我的脑海里。

我后来怀着敬畏的心情在电影中刻画了生命力旺盛的健壮女性形象，不用说，她们的原型就是我的母亲。顺便提一笔，比我大九岁的姐姐臂力也不在母亲之下。我小时候有时不愿意洗澡，被她猛地一把就按进了浴桶里。

才华横溢的父亲苦尽甘来当了医生后，深得病人信任，对几个孩子也很严格，是一个难以通融的刻板父亲。据说他开业有了收入之后首先做的，就是规规矩矩地把钱还给那些曾借给他学费和生活费的人。我小时候一直觉得他是个方方面面都无可指摘的老实人。然而真是如此吗？事实其实很出人意料。

半次郎从东京第一高中毕业考进东京帝国大学时，寄宿在本乡。有个大块头带着妻子住在隔壁，是与埃及做贸易的。他病快快的妻子不断咳嗽经常发烧，不久就被丈夫打发走了。

接着来伺候大块头的，是他妻子的妹妹冬子。大块头耐不住妻子走后的寂寞，酒后乱性，硬想占有小姨子。这一来冬子没法待下去了。为了独力生存，她到驹込吉祥寺院子里找个地方，招了一群年轻姑娘来教她们裁缝。

半次郎同情冬子的处境，冬子大事小事也总找半次郎商量，看来两个人就是这么一来二去好上了。当时半次郎已从研究生院毕业，正在当实习医生。听说他经常工作一结束就坐人力车赶到吉祥寺去，一边帮忙纺线一边陪冬子到傍晚。就这么陪着陪着，冬子怀上了半次郎的孩子。

半次郎那时还是单身，但与他住在一起的母亲鹤子不同意这桩婚事,硬生生地棒打鸳鸯散,但却收留了冬子生下的儿子——我的大哥洋一。不过,得知自己跟洋一是同父异母时,我已经上中学了。当时大哥被征召去当兵,我看到他拿的户口簿才知道的。

那时洋一已经结婚有了孩子,我猜他也是长到很大以后才知道自己的身世。母亲把我们四个孩子养大,并没有怎么歧视他。这件事让我看到了豪爽快活的母亲的另一个侧面。

关于父亲帮冬子纺线之类的事,是那以后过了很久才听一个亲戚说的。之前我一直很敬畏父亲,总感到他难以接近,所以他年轻时的这段浪漫史令我大感意外。他一边纺线的时候一边在对冬子说些什么?他的同情是在什么情况下转变成恋情的?想着想着,一股亲近感油然而起,我竟然觉得很开心:这个难以通融的古板老爷子真够潇洒的。

童心闻到的性爱气息

我小时候得到祖母鹤子的格外疼爱,这大概是因为她别的孙儿都已长大,我成了她唯一能够抱在怀里爱抚的心肝宝贝。不过,祖母与母亲竹节不睦,所以她单独住在离我家不远的另一幢房子里,一日三餐都是母亲做好后装在提盒里让女佣送过去的。

到了五六岁,祖母经常带我到杂司谷的鬼子母神堂[1]去玩。我很喜欢坐从三轮经过大塚开到早稻田去的有轨电车,这条线路现在还在运行,以前是叫作王子电车。下了电车,沿着两旁都是店铺的鬼子母神堂参道走进去。到了寺庙院子里便是一座小庙堂,只见格子门窗上绑着许多结文[2]。仔细一看,那上面都垂着长长的女子头发,有些头发上还带着头皮屑。小庙堂里墙上黑黢黢的地狱图本来就令人心惊胆战,两相映衬之下更使人觉得毛骨悚然。

然而,我又感到一种快意,似乎自己内心的阴暗部分同时都被兜底淘了上来,所以我反而对着地狱图和头发看个不停。祖母望着我这个纹丝不动站在那里的小孙子,说不定心里在想:"他瞧见怕人的东西了吧。"如今回想起来,或许当时自己的童心闻到了一种与死亡难以区分的性爱气息。那头发与昏暗的小庙堂后来一直深深刻在我的脑海里,使我在《黄贩子的人类学入门》中再现了一个相似的场面。

---

[1] 此处指位于东京都丰岛区杂司谷的法明寺鬼子母神堂。鬼子母神亦称河梨帝母,为佛教护法二十诸天之一,又称为欢喜母或爱子母。
[2] 结文:将书信卷叠成细长条,在中间或上端折叠系结,系结处划一道墨迹以示标记。古时情书常用此法。

我家和父亲诊所所在的大塚车站周边现在也还不算太冷清，但在明治初期的当时，那里是个非常繁华的去处。山手线大塚车站南面我家门前，是天祖神社前的商店街，周边包围着电影院、曲艺场、酒吧和餐馆，过往行人川流不息。每到晚上各种夜店营业时，辉煌的灯火亮得路人都能看报纸，走上三五分钟便可到达一片三流的花街柳巷。在这样的环境中，我感到了另一种与杂司谷鬼子母神不同的魅力。

我家右边有家牛肉餐馆，左边是家便宜的夜总会。夜总会的女招待常常会招呼我，把包香烟的锡纸捏成坚硬的小圆球给我，因为我要把它们拿到学校去献给军队。营业之前，夜总会昏暗的店堂里交织着酒精、尼古丁和化妆香粉的气味，这种味道我从小就喜欢得不得了，所以我愿意到夜总会去。可总是还没等我吸够那醉人的气味，就被夜总会的男服务员赶出来了。

我家里也很热闹。除了父母和三个哥哥姐姐外，还有母亲的弟弟和他的孩子，再加上两个女佣和两个寄宿学生，家里一共有十二个人。父亲说话时满口关西腔，母亲操的是北海道方言，再加上寄宿学生和女佣各自的家乡话，房子里南腔北调热闹非凡。

我长大一点后，父亲和那两个寄宿学生有时会带我到离家远一点的两国[1]去看相扑。自己吃过寒窗之苦的父亲总是让几个寄宿学生住在家里,一直照顾他们到中学毕业。这些寄宿学生也是我的玩伴。

那时经常跟我玩的寄宿学生是个姓金的朝鲜人。虽然我们家对他一视同仁,可是其他寄宿学生和女佣却赤裸裸地歧视他,公然找他麻烦。我对他们这种做法很气愤,所以后来在根据在日朝鲜人少女日记改编的电影《二哥哥》中,我安排了一个也姓金的人物出场,权作为对他表示的敬意。

在父亲开的诊所里,他的助手不是护士,而是寄宿学生。我们这几个孩子只要到了入学年龄,都会被他叫来当助手。诊所一楼有手术台,二楼是诊疗室。在诊疗室里卷棉棍、配生理盐水、剪纱布都是我的活。

由于地理位置的关系,来就诊的多是夜总会的女招待和艺人。这些人每天夜晚又是抽烟喝酒又是唱歌,所以大多数是弄坏了嗓子才上门来的。父亲注射消炎针时她们看起来很疼,只见这些女人又动又叫,根本顾不得自己把和服下摆弄得乱七八糟。

"按住她!"只要父亲一声令下,我虽然一脸不情愿,

---

[1] 两国:东京墨田区地名,被称为"相扑之城",举办相扑赛事的国技馆即在此地。

还是得伸出双手,使劲把病人伸出的两只脚按下去。

对孩子来说,医生助手的工作是很乏味的,但只有干这件差事时,我心里却很受用。它使我早早地明白了一个道理:夜里绽放的花朵未必都是美丽的。生长在这种环境里,当然会早熟。在上小学之前,我就觉得自己对世上的事情里里外外都已经通晓了。

我进小学是在1933年,是位于小石川竹早町的东京府女子师范(现在的东京学艺大学)附小。一般的学校在4月29日天皇诞辰,就是所谓天长节那天放假,可这所学校由于跟皇后渊源较深,所以是在3月6日皇后生日,也就是地久节那天休息。虽然当时我还是孩子,但总觉得男子汉在这一天放假休息挺难为情的。

在这所学校里,我邂逅了一位终身无法忘怀的良师益友。不过,进小学时我因为中耳炎久拖不愈,晚了一个月才到校。作为耳鼻喉科医生的儿子,这可不是件光荣的事。

农村情结

在东京府女子师范附小上学的六年间,山下正雄老师一直是我班主任。他是个年轻、知名的优秀日语教师,上公开课时教室里总是挤满了外校来听课的老师。他还在NHK教授标准语,曾经选中我和几个同学去广播电台朗读课文并灌成唱片。当时日本正好在满洲(现在的中国东北)建起了傀儡政权,这些唱片好像是作为日语教育的范本送到当地去的。

这位山下老师每天都对我们说:

"你们这些大城市的孩子在精神和肉体上都不如农村的孩子坚强,到了紧急关头,能坚持胜利的总是农村的孩子。"

每次听到他这么说,我都会觉得很丧气。我因为中耳炎比别人晚到校不说,还由于患有小儿哮喘,体质很差跑不快,碰上运动会赛跑就很费难。这使我不得不想到,自己虽然生在大城市里比较早熟,但光靠早熟是没用的,自己就是个老师说的那种弱不禁风的孩子。

老师出身于多摩的农家,是经过勤奋苦学才当上教师的。现在想来,我能理解老师的苦心,他对我们说的那些话背后其实有着很复杂的潜台词。然而小学时每天被无情地打上"弱不禁风"的标签,对我的影响不小。它使我不由得感到一种强烈的自卑,似乎觉得在大城市里长大是自己的一大缺陷。我认定只有在农村才会有真正的人与生活,这种观念跟随了我整整一生。之所以会如此,都是因为受了山下老师的影响。

我的电影中有着解不开的农村情结：藤原审尔的小说《赤色杀机》原本讲述的是大城市的故事，我把电影中的故事舞台搬到了农村；《日本昆虫记》中，我把来自农村、充满活力的女性设为主人公。甚至开设在横滨的电影学校的学习科目中，我也安排了农田实习。我自己则是在上小学的时候第一次体验了农业劳动。说来，那也许谈不上是什么"农业"，当时只是在上石神井的学校农艺园里挖马铃薯，但对我的童心来说多少也是一种安慰。

在小学里，我还认识了北村和夫。他是此后与我一起走过漫长人生的朋友，也是我电影中不可或缺的演员。

"你的名字是哪两个汉字？"

升到四年级后不久的一天，北村第一次就是这么跟我搭话的。由于到了四年级开始男女生分班，我和北村就此成了同班同学。那天预定下午要选举班长，所以他的话使我立刻醒悟到：噢，这家伙是打算投我的票啊。

北村言谈诙谐，很有人气，在学校里很出名，打起架来也不含糊，时常还会声称要"讨伐女生"，起劲地去撩女同学的裙子。

"讨伐女生的人，都跟我来！"他一声号召，带着一帮男生把女孩子赶上屋顶，一起拥上去撩女生的裙子。"哎呀，黑衬裤？真晦气！"撩完他又撂下这么一句，然后这帮人就一哄而散逃走了。这就是北村常玩的不大不小的恶作剧。

乍一看，他跟我这个少言寡语、老老实实的优等生完全相反，但奇怪的是，我们在彼此开口之前都会下意识地为对方着想。成为朋友之后，我们之间结成了一种男子间颇为默契的关系。这种关系与那群一哄而上"讨伐女生"的淘气男孩之间的勾结是全然不同的。至今我还记得，四年级选举时我被选为班长，虽然北村什么也没有对我说过，可是他利用自己的巨大影响力，为我在同学中进行了造势助选。

顺便提一句，北村上小学时的绰号叫"油炸丸子"，因为他的脸形跟油炸丸子似的。那个时候同学给我起的绰号叫"今平"，这个称呼进入电影界后也没有变，一直用到现在。

北村的母亲是个很高明的产婆，我很多同班同学都是她接生的。北村的父亲到静冈县三岛市去给一个开业当中医的伯伯做助手，后来就接下了那家诊所。当时北村跟母亲两人一起生活，就住在小石川竹早町的学校附近，所以我放学后经常顺路到他家去。去的时候北村在不在家都没关系，因为我去那里的目的是听相扑的实况转播。

我随便拉开他们家的门，北村的母亲会迎出来说："啊，和夫在家里呢。"

"不，用不着叫他，我就是想听听收音机。"我说着就走进门去了。当时正是双叶山和玉锦这两位横纲[1]的全盛期，而我则特别偏爱玉锦。如果回到自己家里去听转播的话，就赶不上这第一场比赛了。我这么一声不吭地听着转播，听完之后道声"谢谢"就立刻又走了。这家的儿子是我的同班同学，我来他家不跟他玩，甚至连招呼都不打一声，光是听完相扑就回家。在北村母亲看来，说不定会觉得我是个反常的古怪孩子。

1936年发生的二二六事件[2]轰动了社会，连寄宿在我家的学生也出走到部队去了，但是我这个小学生的生活圈子那段时间还是很平稳。尽管家里给我买了上学用的有轨电车月票，但放学的时候我不想从竹早町坐电车回大塚，而是喜欢从三业地溜达回来。三业地被大人们称作"烟花巷"，是不准我们小孩靠近的。

在现在还叫"大塚三业通"的那一带，烟花巷里偶尔传来三味线的悦耳琴声，能听得人心旷神怡。尽管我极其早熟，装出一副深谙世事的表情，但三业地里面究竟在干什么，我也是到很久以后才知道的。

---

[1] 横纲：日本相扑运动员的最高级称号。
[2] 二二六事件：日本皇道派青年军官于1936年2月26日发动的一次未遂政变。

哥哥的阵亡

到了1939年,国家总动员法已经实施,街头巷尾的战时气氛越来越浓。然而我就读的东京高等师范(现在的筑波大学)附中一贯以自由主义的校风自诩,此时俨然成了与嘈杂外界隔开的另一个世界。我们的校服颇有水兵风格,无扣上衣的立领上带着波状饰带。夏天穿的是白裤子,而且裤缝必须用熨斗烫得笔挺。

虽然也算有军训,但缺乏紧张感,好像是在敷衍了事,或者说像是在做小孩玩的打仗游戏。军队派来两个准尉军衔的下级军官,学生都打着绑腿,拿着枪分散在校园里。训练时军官会命令:"接下来练习匍匐前进,去把席子拿来!"这样安排是为了防止趴在地上的时候泥土把制服弄脏,但它与军训的宗旨显然是矛盾的。就连那两个下级军官一本正经的表情,看上去都显得滑稽至极。

中学离家比原来上的小学近,可以步行来回。那时我学会了麻将,常在同学家里打个痛快,不过还没开始抽烟喝酒,也不曾在街上搭讪女性。大概在今天的年轻人看来,当年我过的是古板老套的生活吧。唯一想得起来的中学时代的冒险经历,是在三年级的那年夏天,我跟浅黄悳与川岛和郎这两个好朋友一起去群马县的宝山温泉住过。在那个时代，如果不与父兄同行，按理是不能出门旅行的，可我已经完全不记得家里怎么会让我跟他们一起去的了。

我们三人乘夜车从上野车站出发，第二天一早又从水上车站沿着昏暗的道路吃力地一步步朝旅馆走去。要了一间十平方米大的客房后，我们感到自己已经是大人了，于是定了一桌饭菜让人送到房间里来。晚上一齐涌进露天浴池，还用带去的手电筒照一对正在入浴的新婚夫妇，结果被臭骂了一顿。第二天，我们又跳到附近的利根川里游了个痛快。尽管那是在军国主义猖獗的年代，太平洋战争即将爆发，但我的青春时代还是挺美好的。

浅黄和川岛直到现在一直是我的好朋友。浅黄先进了一家服装行业的公司，后来他担任了我创立的电影学校的理事。川岛在欧美生活了许多年后，开办了自己的公司。我当了电影导演后，也偶尔去他们两位家里玩玩，请他们对我正在写的剧本提意见。北村和夫虽然上中学时进了别的学校，但他母亲是为川岛接生的助产士，因为这个缘分，直到现在，我们这些包括北村在内的老同学每个月还会聚餐一次。

中学时我的班主任是汉文学家镰田正老师。他至今很健康，前一阵子还参与过为刚出生的爱子内亲王起名字的工作。

在镰田老师写的回忆录里,我被写为一只大器晚成型的钝牛,因为当年我哪门功课都不曾特别出色过。

我虽然在学习上并不出类拔萃,却胆大包天地欺骗过镰田老师。有一次回家功课是写作文,我把一篇小说照抄一遍交了上去,镰田老师看后大加赞赏,说我写得非常出色,还印出来发给全班同学。直到二十年后,老师才知道那篇作文是我抄袭的。那篇小说的题目和作者的名字我自己早已忘得干干净净,不过听说当年的老同学、科幻作家星新一读了杂志上披露的这件事后,却大为吃惊。

不管怎么说,当年那篇小说我倒是从头到尾好好读过一遍,当时并非刻意想要剽窃别人作品。从念小学时开始,我就会拿家里莫泊桑、芥川龙之介、太宰治的作品来看。母亲说让孩子看这种作品有悖道德,把书都藏了起来,我就再把它们找出来。这种捉迷藏游戏我跟母亲玩过好多次。

进中学后,我读了托尔斯泰、陀思妥耶夫斯基等俄罗斯文学作品,还有因为有避讳字而开了天窗的永井荷风和谷崎润一郎的书。我特别喜欢的作家是井伏鳟二,他笔下的市井百态让人感到一种难以言传的温暖与幽默,尤其是登场人物的对白,特别精彩。

家里的小说并不是父亲喜欢而买来的,它们大概都是大哥洋一的东西。洋一读上智大学时迷上了话剧，竟至退学参加了一个叫作金曜会的剧团。他说自己再也不回大学了，要走戏剧这条路。父亲不允许洋一这么不听话，终于把他逐出了家门。然而对于我这个跟他差十二岁的同父异母小弟弟来说，洋一是个好哥哥。

洋一结婚以后住在涩谷区的幡谷，1944年上战场的时候已经有了三岁和五岁的两个儿子。离别的场面很凄凉，去送行的只有洋一参加编辑的月刊杂志的几位同仁、我、嫂子及他的两个儿子。在京王线幡谷车站等早晨的轻轨时，他的小儿子哭喊要跟爸爸一起去；大儿子拼命忍着眼泪紧紧抱着嫂子。我也一直在咬紧牙关强忍住悲痛。

才过了三个月，他的讣告就寄到父亲这里来了。讣告上说他乘的船在开往前线途中，在渤海海域被美国潜水艇击沉了。父亲把通知嫂子这项重任交给了我。我知道将大哥逐出家门之后，父亲也曾悄悄地去看过他的戏剧，所以心里嘀咕：父亲明明可以自己去通知的嘛……但这话我说不出口来，只好迈着沉重的步伐去坐车、倒车到大哥家去。

一拉开他家的门，玄关里摆着的芥川龙之介全集就映入了我的眼帘。

"怎么了？"嫂子走出来问道。

我嗓子一下子哽住了，连声音都没发出来，好一会才勉强挤出来一句话："阵亡了。"

"哲郎他？"嫂子反问道。她以为肯定是先前去参加特攻队的我二哥死了。

见我摇了摇头，她睁大眼睛，过了好一会儿才嘟哝了一声："真的？"说着便一屁股瘫坐在地。嫂子展开被我抓得皱皱巴巴的电报看了好几遍，还是一脸不相信。我心里害怕嫂子会一下子哭起来，只是一动不动地愣愣站着。

洋一是父亲在与我母亲结婚之前跟一个叫冬子的女人生的孩子，想必洋一生前一次也没见过自己的生母。这件事我一直记挂在心，当了电影导演后，通过各种关系，我终于找到了住在关西的洋一的生母。

洋一去上战场的那天早晨，他的大儿子曾在幡谷车站抱着我嫂子拼命忍着眼中的泪水。这个侄子结婚时，我把洋一的生母冬子请到了婚礼上来，也算是对大哥的一点儿报答吧。

东京全毁了

东京是从我上中学四年级的 1942 年春天开始受到空袭

的，到我毕业的时候几乎每天都会拉警报。有一次我去住在中野的朋友家打麻将，刚听到一声巨响，紧接着就看到二楼窗外升起了两根大火柱。不过，这么近距离看到起火只有这一次，1945年3月的东京大空袭和我家在大塚的房子被烧毁的五月那次空袭，我都没有经历过，因为1945年3月中学一毕业，为了逃避兵役，我就进了位于群马县桐生市的桐生高等工业学校（现在的群马大学工程系）。

我的专业是机械，就是用车床和铣床制造武器零件。但因为算是上课学习，所以没有产量定额，我对上课也没多大热情。那里拉响空袭警报的频度只有东京的十分之一，空闲的时候，我就窝在宿舍里埋头看书。

就是在那个时期，打从在宿舍联欢会出节目开始，我起劲地写起自成一体的戏剧来。不过，就缺乏食品的空腹之苦而言，在东京和桐生都是一样的。我跟同寝室的五六个同学曾经一起逮住房间里出没的老鼠烤着吃，那老鼠也饿得够瘦。

东京遭到空袭后燃起的冲天大火，从桐生都能看得很清楚，但我家房子烧毁时的样子，是中学好友浅黄憙后来告诉我的。他说空袭过后感到不放心，就跑去我家一看，只见我母亲神情恍惚地挺着高大的身躯，面对一片瓦砾一动不动地站着。

"怎么了?"

"全烧光了,孩子他爸爸又不在家……"

"您到我家来吧?"

母亲谢绝了浅黄的好意,因为她还没联系上去出诊的父亲。接着,她不知从哪里拿出一个包子请浅黄吃,劝他回家时还鼓励他说:"你也要挺住啊。"

本想去安慰我母亲,没想到反而受到了一番激励。浅黄一边对我说着,一边笑了。

我家惹人哑然失笑的事还有呢。母亲那天虽然谢绝了浅黄的邀请,可是等了不知多久,就是不见父亲回来,只好打消等他的念头,决定投奔到另一个朋友家去。然而,她觉得必须让父亲知道自己的去处,于是急忙找了一块比较大的房瓦作为留言板,用烧得碳化的木片把朋友家的地址写在上面,再把房瓦竖在自家房子的废墟上。

其实没过多久,父亲就从避难所安全地回家来了,可是那一带已经变成大堆大堆的瓦砾,一眼望上去都差不多,不可能看到母亲的"留言板"。话说回来,他也没想过母亲会给他留言。据说父亲凭猜想到处找了好几天,才总算又见到了母亲。战争真是能让人做出没法用道理解释的行动来啊。

家屋焚毁,无家可归,父母没有等到战争结束,不久就通过母亲娘家远亲的门路,到北海道的余市町去了。

8月15日的天皇广播讲话,我是在桐生的宿舍里听的。我由于太瘦,征兵体检只达到"乙种合格",所以最终也没有收到过征召令。那天收音机喇叭里净是"噼……噼……"的杂音,天皇的讲话听不清楚,但我好歹明白日本已经战败,战争结束了。我没什么特别的感慨,只是很高兴这样一来晚上也可以打开电灯看文学全集了。

既然不需要逃避征兵了,我也就没必要继续留在桐生。第二天我就交了退学申请书,坐上火车直奔东京,因为我要带上独自留在东京的祖母鹤子到北海道去找父母。

火车开过荒川进入东京,到了赤羽那一带时,满目是一片烧焦的原野,此外什么都没有了。这异样的景象惊得我目瞪口呆,废土的赤红色深深地印在了我的脑海里。那些中学老同学曾频频写信告诉我"东京全毁了",虽说眼见才为实,然而真的直面成为一片废墟的东京时,我不知怎么又想起了他们说的这句恰如其分的大实话。

去北海道的余市花了整整两天。战争刚刚结束的混乱时节,背着个老人多次换乘拥挤不堪的火车和轮渡,连我自己都觉得这趟任务完成得很漂亮。母亲来接我们,我终于又看到她了。见到母亲之后,祖母才像是真的放下了一直悬着的心。

父亲母亲现在借住的地方，是母亲娘家——山本家原来的女佣的夫家。他们不仅仅是借住那家的客房，而是把那里布置成临时诊所——父亲已经开始给人看病了。

父亲在北海道也忙着到处给人看病。战后的日本刚引进健康保险医生制度，父亲立刻提出了注册申请。他要利用这个制度，让尽量多的患者获得医疗的机会。他把整理保险医疗的所需文件和向官厅送交这些文件的任务交给了我。父亲这种为了病人不惜粉身碎骨的精神，后来被我融汇到了电影《肝脏大夫》中的主人公身上。

不久以后，当过特攻队员的二哥哲郎也回国了。我这个哥哥原来是海军中尉，他一本正经地告诉我一件事：在战争将近结束的时候，他所属的海军基地来了一个二百多人的陆军中队。这些陆军官兵都化装成美军打扮，扬言要以此骗过敌人，到塞班岛去反攻登陆。二哥说的这件事简直就像个笑话，不过我现在还相信他说的是真的。

在预定出发去特攻的三天前，哲郎在海军基地迎来了战争的结束。他是一个克服了极端恐惧后一心赴死的人，此时却突然被告知可以自由地活下去，如此骤然的变化使他的心理平衡崩溃了，来到北海道之后还继续郁闷了一年多。回到东京后，哲郎当了离老家不远的文京区立第三中学的教师，对升迁毫无兴趣的他以一介教员的身份走完了自己的一生。

在余市的生活不算太长，但那里鲱鱼的滋味经常引起我的怀念，因为那种美味在东京大概是无法品尝到的。四月的北国空气还带着凉意，但渔港已经因为报春鱼群的行情活跃起来了。开始捕捞鲱鱼后，海滩一下子变成了银色。我和哲郎都曾打过短工，帮渔民把大量鲱鱼扔进背上的篓子中，再把它们放进雪洞里。

运来的鲱鱼被一排排地吊在晾晒场上。刚捕捞上来的鲱鱼在火炉上烤着吃真是鲜美极了。我本来饭量就大，吃起鲱鱼来一次能吃四条。可是身高体壮的二哥上中学时就被人称作"今胖"，他的胃口比我更大，一次能吃六条。这一来我们在余市町成了出名的"大肚汉"：兄弟俩竟然能一次吃下十条鲱鱼！

截头去尾的鲱鱼干的正确做法，据说是得先在鲱鱼背上划一刀，然后再晾晒两三天。我至今也忘不了鲱鱼的鲜味，只可惜回到东京后就再也没有吃到过那正宗的味道。

早稻田的戏友

战争结束一年多后,二十岁的那年秋天,为了考大学,我离开余市的家第一个回了东京。我对当医生的父亲撒谎说是去考医学系,其实心里早就决定了要考早稻田大学的文学系,因为我想搞戏剧。

让我为难的是没有房子住,因为大塚的房子已经在空袭中烧毁了。我一开始是各处去找中学老同学,每个人家里住上两三天。不久,我在新宿百人町的资源科学诸学会联盟附属研究所找到了份临时工作,他们允许我住在那里的阁楼上。那是间有点来历的屋子,据说战时是清洗实验用毒气的淋浴房。它四面都是没有窗子的水泥墙,屋顶低得站起来就会撞到头,所以只能猫着腰走路。屋子里还没通煤气,做饭得用电热炉。

尽管生活在这种环境里,我还是认认真真地努力学习,终于在1947年顺利考进了文学系西洋史专业。可是不知怎么回事,录取的电报也同时发到了余市的家里。父亲一直对我要考医学系信以为真,知道自己上当受骗后大发雷霆。

也难怪他如此生气,因为大哥洋一已经早早战死,从特攻队复员的二哥哲郎又还没从战争引起的精神性后遗症中完全康复过来,如今连寄托着他最后希望的我也背叛了他。当时,气头上的他说要像对大哥一样把我逐出家门,可是对我考进文学系这个既成事实他也没有办法。这场骚动好歹平息下来,最后他还是给了我学费。

我是因为从桐生那段生活开始喜欢上戏剧才考进早稻田的,所以可以说,是在学生时代就迷上了戏剧。我经常去看文学座、俳优座等剧团演出的话剧,连老远的浅草小戏棚也去过。我自己也在拼命写戏,还从借住的那个研究所旮旯里放着的一辆破坦克上获得灵感,写了一个叫作"坦克"的剧本。

过了不久,以我们文学系的几个同学为主,竖起了"学生剧场"的大旗,还参加了校外的地方公演。"学生剧场"的戏友中,有后来我拍电影的老搭档小泽昭一、加藤武,和我的幼时旧友北村和夫。我主要是写写本子导导戏,自己不怎么登台,而他们三人那时候起就演技高超,颇有专业范。

我仍然住在那间老淋浴房里。哲郎有段时间也跟我一起住过,他是从余市来东京找工作的。有一天,我们兄弟俩忽然意识到,原来的老房子虽然烧毁了,但是那块地应该还属于我们家。虽然明知现在才想到这个问题是晚了一点儿,但我们还是急忙去查了一下。不出所料,在战争结束时的混乱中,父亲诊所和我们家房子所在的大塚车站前那块地皮已经落入他人之手。好在祖母原来住的坂上那处房子的土地所有权还在，于是经过全家商量，决定在那块地皮上重新造一座房子。

造房子的资金只有父亲拿得出来。为了多少省点儿钱以充家用，我决定自己来打地基。我以每人一张外餐券[1]的"工钱"把小泽、加藤这些剧团里的戏友找来，让他们从各处的瓦砾堆中为我收集大块的基石。现在想来，也许从那个时候开始我就总是自己不动手，差遣别人了。

我跟北村和夫分开过一段时间，进大学之后才又见面。他也是因为家里房子被烧毁，疏散到了父亲经营中医诊所的静冈县三岛市。那段时间，北村上的是日本大学三岛校区理工学系的预科。由于在那儿学习时他就立志要当话剧演员，所以预科毕业后，就找到文学座下属的研究所的门上去，同时又插班到早稻田大学文学系，与我和小泽他们一起排戏。北村他们家好像一直在埋怨我，觉得北村当时已经入了理工科的门，都是因为我才又走错了路。

我们这些戏友不单单一起排戏，还一起玩耍，一起干过没品的傻事。北村在上日本大学预科的时候，有一次我到三

---

[1] 外餐券："二战"中及战后的大米配给供应时期，用于外餐时购买主食的票证。

岛去看他在文化节上演戏。结束后我们俩和几个朋友一起结伴去嫖暗娼，各自平安完事后又一起回到北村家去泡澡。我忽然发现北村的那玩意上头还套着避孕套似的东西，忍不住手指着"啊——"地叫了起来。北村自己终于也发现了，他嘟哝了一声"套子头上怎么都坏啦"，不慌不忙地伸手把它扯了下来。

战后有段时期所有人都吃不饱肚子。有天晚上，我、北村和另一个小学同学一起到小石川的外餐券餐馆[1]去，吃完饭时餐馆已经关门。从后门一走出来，我们发现那里堆着许多红薯，于是谁都没有说话，每个人不约而同地偷了几个红薯。我偷偷抓了几个不太大的塞进兜里，走在后边的北村却双手捧了个大的，嘴里还嚷着："这个个儿大！"谁知跑到大街上一看，原来他捧出来一块大石头。我们俩不顾北村有多懊恼，全都抱着肚子大笑起来。

还有一次，我从池袋黑市买了七个又便宜又大的艾糕带到三岛的北村家。那个黑市老板告诉我，艾糕是用"散粉"做的，回去马上烤一烤会又香又好吃。可是，我刚咬了一口就吐了出来，因为满口都是沙子。看来，所谓"散粉"就是

---

[1] 外餐券餐馆：规定使用外餐券购买主食的餐馆。

把磨粉时飞散在周围的粉末和沙子一起扫拢起来的东西吧。

吃这种艾糕等于是在嚼沙子,这种东西怎么能吃啊!可是北村却不听我的劝阻,一口气吞下去三个,说什么"不吃怪可惜的",还要把剩下的"带给爷爷吃"。北村的爷爷也满不在乎地把这些艾糕一个不留地装进了肚子里,吃完后满意地说:"好久没尝到这么好吃的东西啦。"我相信,只要有这种强大得令人生畏的胃,北村家族就永远不会凋零。

开中医诊所的北村父亲也是一个奇特的人。我、小泽和加藤一起在三岛的北村家里嬉闹时,从对面屋子的栏杆那边会突然有香烟或巧克力穿过窗子飞进来。这些在当时都属于贵重物品,可是北村父亲从来没从对面探出头来说过一句"你们抽烟吧"或是"你们吃吧"。

据说有一天,小泽对北村说:"我得向你父亲打个招呼。"因为他听北村说过父亲的兴趣爱好是赛马,所以就走进对面屋子,像在舞台上似的拿腔拿调地对北村父亲说道:"我叫小泽沼一,对于这次的中山赛马会,我压的是××取胜。"他满心以为自己的话能讨好,哪知北村父亲大喝一声"喜欢赛马的学生不是好东西!",立刻把他赶了出来。这样的笑话还不少,后来我都把它们写在了给北村演的独角戏《东京梦幻图绘》里。

鬼 今 平

黑市的三船敏郎

好不容易在大塚的祖母旧宅地皮上造好了新房子，全家从北海道的余市回到了东京，我反倒连家也不怎么回了，因为一有空就泡在新宿、池袋的黑市里。

转手烧酒、香烟赚差价，倒卖占领军的汽油，再加上黑市大米，我挣到了相当于学费好几倍的钱。现在想来，那是我这辈子最有钱的时期。我有时到早稻田去把香烟卖给法语教授，有时不上课溜出去看戏，要不就是窝进同学租的便宜屋子里埋头看书。

"那些年轻人毁灭了，但同样的他们生存下来变成了黑市商人。""不是人改变了。人本来就是那样的，改变了的只是世相的表皮。"我对坂口安吾《堕落论》中的这些话大有同感,还是照样起劲地写我的戏剧。

把我领进黑市买卖的,是我当家庭教师那户人家的主妇。我进大学的时候一家人还住在北海道,在东京没有房子。光靠父亲寄来的钱是过不了日子的,所以大一的时候我找了份给初中二年级的Y君当家庭教师的工作。Y君的父亲在东京的王子町经营一家小工厂,听说战时生产武器零件赚了不少钱。可是从战争结束到1950年的那段时间从没景气过,眼睁睁地看着形势每况愈下。

大腹便便的主妇是老板的后妻,性格豪爽的她与谨小慎微的丈夫不同,别人问起没回家过夜的老板到哪儿去了时,她会大大咧咧地笑着回答:"到小妾那儿去了。"我去当家庭教师后的第二年,Y君家的小工厂发生火灾烧毁了。听说是Y君父亲为了骗取保险金自己放火烧的,结果竹篮打水一场空,生意破产,工厂易主,只剩下工厂最里面的一间偏房还归他。

面对如此的不幸,Y君倒没有气馁,反而显得超脱了。我也想让他考上个好学校,所以继续到他们家仅剩的那间房子里去拼命教他英语和数学。虽然老板的后妻说他们已经给不起我补课费,但我回答:"能管饭就行了。"后来,我连北村和夫与小泽沼一都带着一起去蹭饭,脸皮实在够厚的。

第二年春天，Y君顺顺利利地考上了他想进的高中。

为了生活，那位老板的后妻不知从哪里采购到了黑市米、黑市大豆、黑市豆酱和木屐之类商品，把它们卖给附近的邻居。不久以后，她分给我一些烧酒，说是作为补课费。我把烧酒拿到黑市上去，躲开警察卖掉，能有不少赚头。虽然被警察看到也不会被抓走，但被警察喋喋不休地追问烧酒的来处也挺麻烦。

只要有货，不管多少都卖得掉。我开始得意忘形，不断扩大规模。拿到赚来的钱，我甚至会一星期到新宿的公开妓院去住一宿，早晨再带着女人一起走出妓院，回到黑市请她吃一顿咖喱饭。

新宿有家著名导演的情妇开的酒馆，那里也是我过夜的地方之一。那店前的小路总是泥泞不堪，店里店外满是跳蚤和虱子，苍蝇蚊子就更不用说了。最里面有个不到一坪的榻榻米房间，是给店里人待的。尽管屋里倒着吃剩的带焦煳味的动物内脏炖菜、劣质酒和爆米花，我进去后还是照样睡在里面。天将亮的时候会进来几个烂醉如泥的男女，他们肆无忌惮地搂抱着，几乎人摞着人地倒在我旁边。

在黑市里，所有人都把生的欲望赤裸裸地表露在外，无拘无束地活着，那里对于我来说是自由的小天地。不管是失恋的时候，还是写的蹩脚剧本被戏友们骂得狗血淋头的时候，我总会痛饮廉价劣质酒大醉一番，然后蒙头大睡，醒后又会重新打起精神来。

就在沉醉于那种生活的日子里，我在满座的新宿东宝会馆里看了《酩酊天使》。以前通过《美好的星期天》《姿三四郎》《我对青春无悔》我已经知道黑泽明[1]，但对他并不怎么感兴趣。这次去看《酩酊天使》也纯属偶然，大概是实在无法打发时间才去看的。

本来我的兴趣在戏剧，对电影本身没什么热情。当时我怀着的对未来的理想，是只要能当个编剧或戏剧导演就行了。

然而三船敏郎[2]一出场，我就被故事吸引住了。他操着浓重的方言，台词都听不大清楚，演技也一点儿不好，但我还是被三船本人表现出的强烈存在感与粗犷的震慑力折服了。上原谦[3]与佐野周二[4]这些以往典型的英俊小生只会一味温柔，缺乏生活气息，我没法喜欢他们。与他们相比，三船俨然一头野兽，其魅力在于他就像是个从散发着刺鼻臭味的黑

---

[1] 黑泽明（1910—1998）：日本最重要的电影导演之一，被誉为"世界的黑泽"。前文提到四部电影均为黑泽明作品，东宝出品，分别于1948、1947、1943、1946年首映。
[2] 三船敏郎（1920—1997）：日本著名电影演员、导演，在《酩酊天使》中饰演黑社会头目松永，两获威尼斯电影节最佳男演员奖。
[3] 上原谦（1909—1991）：演员，曾出演《野性的女人》《四谷怪谈》等作品。
[4] 佐野周二（1912—1978）：本名关口正三郎，影视演员。

市里直接蹿出来的、真实的黑社会人物。

看了三船的表演，我从心底被感动了：电影竟然能够达到这样的效果！以前没有过，后来也没有过，只有那一次，我连续看了两遍。离开影院的时候，我已经决心要当个电影导演了。

第一个师傅——小津安二郎导演

看了《酩酊天使》这部电影，我被电影的魅力征服了，非常想到黑泽明导演的手下去工作。我想进黑泽导演所属的东宝影片公司，可是大学毕业的1951年，东宝没有招副导演。进不了东宝，我姑且只好去考早已通过朋友提交过申请书的松竹影片公司大船制片厂，结果考试合格了。

尽管考上了，却不能马上就进"松竹"，这使我毕业后无所事事地闲逛了三个多月。早稻田有个想当作家的同学心中不忍，便邀我去他父亲经营的船运公司工作。我对这份工作兴趣不大，但还是抱着暂时栖身的打算到隅田川边的筑地明石町去拜访了一下那家公司。

这家公司以前主营的是用小型船只进行横滨至筑地的钢

材运输。我去的时候，他们已把老旧船只改装成游览船，正做着面向小学生的隅田川游览生意。游程是从筑地的鱼河岸出发，溯隅田川而上，开到浅草前边的白须桥再开回来。交给我的工作是推销兼船上导游。

美其名曰"社会课学习船"的游览船，实际上却是旧得眼看就快报废的船，这样超载儿童来赚钱是一种无视安全的商业欺诈行为。但是，正如我在黑市一直做的那样，哪怕再虚假再低劣，既然干了就得好好认真干。这是我的天性。一百所、两百所学校……我东奔西跑地去找小学校长推销，渐渐有了体悟，业绩也随之提高了。虽然我同学的父亲——公司老板很高兴来了个得力人手，但到了夏天进松竹影片公司工作的事确定后，我就辞去了这份工作。

松山善三[1]和中平康[2]他们考进松竹大船制片厂的那一年据说是超级难进的一年，几千个报名者中只通过了八个人。然而第二年我考进去的时候，由于公司刚接受过赤色分子清洗[3]，正好人手不够，所以进去得就比较轻松了。一开始我

---

[1] 松山善三（1925—）：电影导演、编剧，撰写《人证》《望乡》等剧本，曾执导《同命鸟》等影片。
[2] 中平康（1926—1978）：电影导演，中文名为杨树希，执导过《疯狂的果实》《星期一的由加》等影片。
[3] 赤色分子清洗：日本政府于1950年根据盟军总司令部的命令，对新闻出版界、公务员中的共产党员及其同情者进行的清洗活动。

的月薪是三千日元，光是买从我家所在的大塚到大船的月票，就得花掉工资的一半。

当时的大船制片厂，上有小津安二郎[1]、木下惠介[2]、涩谷实[3]等泰斗称霸，下有小林正树[4]、野村芳太郎[5]、铃木清顺[6]等这些日后成了第一流导演的副导演。副导演部有六十四名成员，实力极为雄厚，却也说明了要升为导演有多么艰难。

小津安二郎是我在那里的第一个师傅，当时他正在拍摄《麦秋》。摄制组从外景地回来后将要开始棚内拍摄时，我成了他的麾下，当了他五个副导演中垫底的一个。之前在分配我的工作时，制片厂厂长吓唬我说："小津很粗暴，你得小心点儿。上次有个管小道具的人还被他打过呢。"我原来就听说过小津的名声，心想他真会是那么可怕的人吗？其实，制片厂长是对我撒了个不着边际的大谎。

小津先生是一位沉稳威严的中年绅士，即使在夏天也穿

---

[1] 小津安二郎（1903—1963）：电影导演、编剧，代表作有《东京物语》《秋刀鱼之味》等。
[2] 木下惠介（1912—1998）：电影导演，代表作《二十四只眼睛》。
[3] 涩谷实（1907—1980）：电影导演，代表作有喜剧影片《自由学校》《本日休诊》等。
[4] 小林正树（1916—1996）：电影导演，摄有《人间的条件》（共六部）等，两获戛纳电影节评委会特别奖。
[5] 野村芳太郎（1919—2005）：电影导演，代表作《砂器》。
[6] 铃木清顺（1923—）：影视导演、演员，代表作为三部曲《流浪者之歌》《阳炎座》《梦二》。

着上等英国衬衫,只不过袖子卷了起来。他的和蔼中带有一种难以接近的威严,在制片厂里就像是至高无上的天皇。借他的光,我们这些他剧组里的手下人在制片厂也受到了特殊对待。

小津剧组的布景气味就与别的剧组不同。走进布景的瞬间,就闻到了青绿的榻榻米发出的灯芯草味,那榻榻米始终是光亮亮的。这种新榻榻米的气味,我在其他剧组从来没有闻到过。我一进去,一个老资格的副导演马上告诉我,要是榻榻米不干净,小津就会焦躁不安,所以拍摄前必须用干布擦干净。

不仅对榻榻米,只要是会拍到画面中的东西,哪怕是一口饭碗一双筷子,他也挑剔得厉害。《麦秋》拍摄中的一天,来了他的指示:"那张桌子我不喜欢。"他不要已经准备好的那张方桌,让我们换成一张圆的。我飞跑到放小道具的房间,刚传达完导演的话,就见年迈的道具员脸上陡然生出一团怒气。大概一开始他在想,你小子趾高气扬地瞎指挥什么呀!他理应对小津导演的脾性和意图了如指掌,却最终也没能找出让导演称心的桌子来。

我发挥在黑市里锻炼出来的体力,在摄制现场干得不错,记得一次也没有挨过导演的骂。但那个阶段我胖得体重已有八十公斤，行动起来周围都会晃悠，所以常被摄影师提醒"别摇摄影机呀"。《麦秋》结束后，小津又连续点名要我当《茶泡饭之味》《东京物语》的副导演。那是一段令人高兴的回忆，因为我得到了小津导演的认可。总之，作为大船制片厂的副导演，这是一件非常光荣的事。

《东京物语》堪称小津导演的最高杰作。在尾道拍它的外景时恰逢七夕，从山上拍俯瞰村镇的景色，满镇吊着纸签的小竹子肯定都会拍到镜头里去，而剧本设定的这个场景是在秋天，实际景色与剧本要求相差很远。这时，只听小津导演轻巧地说道："把那些竹子都给我弄倒。"我听了指示立刻朝山下跑去，可是镇子里竖着好几千根竹子呐！我只能一家家地分头打招呼、赔不是，当跑得两腿都发软时，只听到远处山上的麦克风传来喊声：

"可以了！你待在那儿会破坏画面的，赶紧躲开！"

就在拍摄《东京物语》期间的 1953 年 10 月 18 日，我母亲竹节因脑溢血过世了。她虽然性格豪爽身体强健，却只活到五十九岁就死了。她第一次病倒，是在照顾我姐姐道代生孩子的时候，后来反复发作过几次，一直都在疗养。我得到病危通知后从摄制现场赶回大塚的家里时，她已经处于弥留之际了。

办完丧事后休息了几天，一回到制片厂，《东京物语》已经到了最后加进音乐等内容的混录阶段。正巧银幕上反复放映着东山千荣子[1]饰演的老母亲因脑溢血病倒死去的镜头，我感到母亲的面影与银幕上的东山重叠在了一起，结果实在看不下去，躲进了厕所。

我一边小便一边想着母亲，正好来到旁边的小津导演望着我红肿的眼睛说道："怎么了？脑溢血死亡不就是那么回事嘛。"他似乎觉得我哭丧的表情印证了他电影的震撼力，显得满面春风。

我的脑子总算转过弯来，用他那种口气回答道："对，就是那么回事嘛。"此时我心想，这个世上最无情、最可怕的人种就是电影导演了。

人人反对的婚姻

《东京物语》拍完后，我请求上边让我离开了小津团队。在松竹大船制片厂，小津剧组被公认是精英，成员也都令人

---

[1] 东山千荣子（1890—1980）：演员，日本话剧演员协会首任会长。

羡慕。但我进制片厂后跟着他拍了《东京物语》《麦秋》《茶泡饭之味》三部电影之后，心里感到了不满。

小津导演是不给演员留下自由发挥余地的，演员只能按照导演规定的动作，一字一句地照念剧本上写的台词。他还让演员反复排练，直到他满意为止。我觉得这会使演员逐渐丧失自然生动的临场发挥。

《东京物语》里有一个孩子们横穿画面的短镜头，要我去辅导一下孩子们表演。我问参加演出的小学生他们每天怎么走路，他们回答说，都是拖拖拉拉慢慢走的。我想，既然如此，何不让他们像平时那样随随便便地走呢？于是就安排他们零零散散地随意走路了。不出所料，他不满意这种走法，生气地说："让他们走得再整齐点！"

我从某个时期开始就拿定了主意，即使继续跟着小津导演当副导演，也不想受到他这种影响，所以我自己当了导演以后，一直拍的都是跟他完全不一样的电影。然而回想起来，我觉得还是从小津导演那里学到了许多东西。例如，即使仅仅是选择摄影机位置，他也要按照自己的审美意识执意寻找一个最合适的地方，一旦选到了满意的位置就绝不变动。我偶尔心里会想：导演就应该这样。他的这种精神我铭记在心。

在大船制片厂，除了小津和野村芳太郎之外，我也在其他几个导演底下干过，如小林正树1952年的处女作、中篇电影《儿子的青春》和涩谷实的《本日休诊》。参与比较多的是野村导演、川岛雄三[1]导演的团队。野村导演比我大七岁，因为年龄相差不多吧，我觉得跟他在一起像是朋友间交往似的。有时候在从东京站到大船站的火车上，他会托付我说："这个剧本不太有意思，你帮我改改吧。"在到达制片厂前的四十分钟里，我会绞尽脑汁地思考如何修改，因为我猜他这种托付大概是带有试试我实力的意思。

邂逅我的妻子昭子也是在大船那个时期。她在制片厂工作，从副导演部的日常打扫到财会业务，所有杂事都是她一手承担，工作很忙，经常看到她拉着装满消耗品的拖车在厂子里到处走。有一次我问她要不要帮忙，被她冷冷地回了一句："我习惯了，不要紧。"

那个时候我因为"吃喝嫖赌"在制片厂里已经臭名昭著，昭子就住在制片厂跟前，导演们经常到她家去；加上她两个姐姐以前也在制片厂工作，所以人家说我的坏话没有一句从她耳边漏掉的。

当时摄影现场的体力活累得我够呛，为了解乏，我经常

---

[1] 川岛雄三（1918—1963）：电影导演，自称"轻佻派"，代表作《幕末太阳传》。

先在新桥喝酒，然后去新宿、池袋换地方喝，到了早晨就坐上山手线，也不在大塚下车，直接到东京站换车去大船上班。有一天早晨，我从吉原[1]出发去上班，坐在都营电铁车厢里打瞌睡时，有人拍了拍我的肩膀。抬起眼睛一看，小津剧组的摄影师厚田雄春正站在我跟前。

"怎么？你家不是在大塚的吗？"被他冷不丁一问，我脱口答道："我在浅草的婶子那儿住了一宿。"后来好一阵子，"吉原的婶子"这句话在小津剧组里成了数叨我的笑料。这样的传闻想必也传到了昭子的耳朵里。

副导演没事可干的时候不用去制片厂。如果到了发薪日没去领工资，昭子也负责保管副导演的工资袋。她有一个时期离开大船的自己家，为了照顾得了骨结核卧床不起的姐姐，每天从东京的御徒町到制片厂来上班。

我到御徒町去过几次，有时是去取工资袋，有时是去看看昭子。我们就这样开始交往了。尽管我被别人说得一塌糊涂，昭子本来也信以为真，可是跟我交往了一阵，她好像改变了看法，觉得我"也有好的地方"。于是，有一次在上野广小路穿过横道线的时候，我向她求婚了。

---

[1] 吉原：位于浅草北部的色情场所集中区。

昭子在制片厂很吃香,所以那些嫉妒我的局外人都来插一杠子。涩谷导演好像也想让昭子嫁给自己班子里一个爱慕她的副导演,他好几次说我的坏话,劝昭子"还是跟今村分手好";昭子家里也激烈地反对她跟我这个口碑奇差的人结婚,几乎使得我们俩都决心要私奔了。最后还是她通情达理的祖父发了话:"既然昭子喜欢,就随她去吧。"这才说服了昭子全家,终于允许我们结婚了。

那个时候,日活影片公司在中断一段时间后又重新开始拍摄电影了,他们要挖走松竹的几个副导演。但这件事进行得极为机密,在大船制片厂里没有漏出一点儿风声。直到西河克己[1]等几个人一起提出辞职的时候,大船制片厂的干部才如同遭到了晴天霹雳。那天的厂子里简直像炸开了锅。

当时松竹大船制片厂的副导演有六十多个,无法保证谁都能当上导演。到了四五十岁还升不上去的人并不鲜见,大伙一起喝酒时也总会聊到下回哪个人会被提拔成导演的话题。

虽然尽量不掺和到这种话题的聊天里去,可我还是一直感到很郁闷:上边有这么多人挡着,真不知什么时候才能当上导演。如果不能当上导演,就无法拍出自己理想的电影,

---

[1] 西河克己(1918—2010):电影导演,代表作有《伊豆的舞女》《绝唱》《潮骚》等。

而且在哪儿拍电影都是一样的呀。我等待着机会，结果在1954年6月跳槽到日活去了。同一时期跳槽过去的导演还有铃木清顺、中平康等人。又过了些时候，我在小津导演之后跟过的第二个师傅川岛雄三也到日活去了。

昭子在第二年（1955年）4月从松竹辞职，9月3日跟我登记成了一家人。我们讨厌铺张的仪式，所以只是两家亲人聚在一起，叫来些外卖寿司一起干杯，就算是办了婚事。

不过，原来也计划过要在早稻田的大隈礼堂举办结婚宴会。因为学生时代的戏友小泽昭一、加藤武、北村和夫那时也已找到了各自的对象，我们本来商量好四对新人一起举办集体婚礼。本已经准备就绪，但我们俩最后在约定的那天扔下他们，跑到信州去了。听说集体婚礼那天，集中到大隈礼堂的他们这三对新人气得顿足大骂："我们被这小子耍了！"

开朗、豁达、玩世不恭——川岛雄三导演

与昭子结婚之后，我们立刻在涩谷区的笹竹安置了新居。我们租的是一户人家院子里的并排两间小屋子，一间七平方米，一间四平方米多，带着个小厨房和厕所，浴室当然是没

有的。当时正是住房难的时期，要找独门独户的房子实在太难了。

七平方米的屋子里总是少不了日活影片公司那些年轻副导演和演员，我们在那间屋子里打麻将、喝酒。经常是我说着"我回来啦"跨进家门时，背后都跟着三四个人。家里毫无新婚气氛，这帮人吃喝一通之后，会有人忽然想起来似的说道："哎？对了，你们还是新婚呢！"于是大家哄笑起来，就此散伙各自回家。说回来，即使是那个只有双方家人聚在一起举办的结婚仪式，我还是从川岛雄三导演的《气球》拍摄现场连夜赶回来参加的呢。

不管结了婚还是没结婚，我的生活模式一点儿都没有变。或许是那种不注意健康的生活方式造成的恶果吧，我才二十九岁的时候就得了糖尿病。由于目睹过父亲因糖尿病吃过的苦头，所以当医生告知我的病情时，打击真是很大，可是生活方式又一时改变不了。

记得川岛导演从松竹跳槽到日活来，是在比我晚将近半年的1954年秋天。我进入日活之后，马上就在两部由演员导演的电影中担任副导演，一部是山村聪[1]导演的《黑潮》，

---

[1] 山村聪（1910—2000）：演员、电影导演，紫绶褒章、旭日小勋章获得者，曾出演《东京物语》《虎！虎！虎！》等电影，执导电影《蟹工船》《黑潮》。

另一部是田中绢代[1]导演的《月正当空》。接着，我就进了川岛导演的班子。后来，直至1957年，第一副导演的工作我干了四年。在《气球》和《幕末太阳传》中，我还参与了剧本的编写。

我不太情愿跟在那两位执导电影的演员后面，说实话也不乐意待在川岛导演的班子里。因为在大船制片厂的时候我对川岛导演就很熟悉，他虽然有时也能展现出自己的才气，然而似乎一直只满足于拍些二流的喜剧。有一次，我给他拍的《痴爱情侣》当副导演，那部电影就像片名一样无聊，使我感到讨厌至极。

当我问他为什么要拍这种没品的电影时，他不高兴地望着别处回答："为了生活。"我当时还年轻，心里是很看不起他的。

然而，转到日活之后，川岛导演开始发挥出了他的才能，简直像变了个人似的。令人叹服的是他会先让摄影机自由摇摄，然后把常人看来毫无关联的零散镜头完美地剪接在一起。

---

[1] 田中绢代（1909—1977）：日本传奇女演员，曾出演《楢山节考》《望乡》《雨月物语》等，因出演作品多，角色性格变化大，日本影坛曾有"田中绢代时代"一说。

拍摄三桥达也[1]和新珠三千代[2]主演的《洲崎天堂红灯区》时，他也是先拍了大量烟花柳巷的实景，然后把这些镜头巧妙地插到影片中去，使整部电影显得完美流畅。

但他也有让大家为难的时候。譬如有时大概是想早点回家喝一杯吧，所以不管正在拍的镜头有多重要，他也会突然中止拍摄，宣布："就拍到这儿结束！"这种时候，我这个第一副导演的任务就是硬把他拖住，告诉他："不行！得把这一段拍完。"

有时他还会拍出违背常理的失真镜头。在拍根据大佛次郎原作改编的《气球》时，有个情节是芦川泉[3]饰演的小儿麻痹症少女抱着行李走上一段长坡道。由于少女的手是被设定为失去感觉的，所以芦川泉对导演提出质疑，认为患小儿麻痹症的少女在现实生活中是无法做到这一点的。然而，川岛导演只是回答："你按普通人那样演就行了。"这话当然无法说服芦川泉，事情陷入了僵局。我虽然觉得他的指示有违常识，也不得不推了推芦川泉的后背，劝她说："你还是

---

[1] 三桥达也（1923—2004）：演员，曾出演黑泽明导演的《懒夫睡汉》《天国与地狱》，因《老兵常谈》获2002年每日电影奖。
[2] 新珠三千代（1930—2001）：歌舞、电影两栖演员，主演过《洲崎天堂红灯区》《人间的条件》等电影。
[3] 芦川泉（1935—）：演员，出演过《幕末太阳传》《洲崎天堂红灯区》等电影。

按导演说的演吧。"

大家都知道，川岛导演自己也患有肌肉萎缩症，在松竹的时候走起路来脚就是轻轻拖在地上的。后来，症状渐渐加重，到了当导演的后期，他就只能坐在轮椅上执导了。这样一来，在现场跑来跑去指导表演自然就成了我的任务。

《幕末太阳传》根据古典落语[1]《白食吃客佐平次》改编，是川岛导演的代表作，弗兰基·堺[2]主演。其中有一场两个妓女（由南田洋子[3]和左幸子[4]饰演）扭打在一起的戏，就是我要求她们"把腰带头攥成一团使劲打"的。

川岛导演经常喝得烂醉如泥，然后不问对象地胡搅蛮缠，有时醉得无法自己回家，还得我把他背回去。他老是挂在嘴边的话是"活在世上真丢人"。然而，他也具有破坏型的另一个侧面，不论在拍电影时还是现实生活中，都会把自己构筑的东西砸个粉碎。这种软弱和矛盾的性格反而使得他颇具魅力，实际上他也很讨女人喜欢。

不久以后，川岛导演跳槽到东京电影公司[5]去了，我也

---

[1] 落语：日本曲艺的一种，类似单口相声。
[2] 弗兰基·堺（1929—1996）：又名堺正俊，演员、摇滚乐鼓手。
[3] 南田洋子（1933—2009）：演员，出演过《太阳的季节》《猪与军舰》等电影。
[4] 左幸子（1930—2001）：演员，柏林国际电影节女演员奖的第一个日本得主。
[5] 东京电影公司：1952年成立的电影公司，1983年与东京映画新社改组后不存在。

升为导演，开始忙活自己的电影，彼此渐渐就疏远了。过了几年再见到他，是在1963年6月11日他猝死的那一天，当时他四十五岁。据说前一天晚上他喝醉了回到位于港区芝公园的公寓，到了早晨，川岛夫人发觉情况不对时，他已经死在被窝里了，死因是心脏停搏。枕头边上还放着摊开的资料本和杂志，那些是为预定拍摄的《东洲斋写乐》准备的。

遗体是我和弗兰基·堺一起搬进公寓电梯的。由于横着进不去，只能把他遗体竖起来才用电梯运下楼。我们都觉得他遗体轻得出奇，出人意料的是，验尸的医生说他只是心脏虚弱，其他内脏都没有问题，假如注意保养，其实还可以再活许多年。医生的这番话反而使我们心里久久不能平静。

丧礼过后，川岛夫人和我抱着骨灰去了青森县他的老家，川岛家族世世代代就生息在恐山脚下。我在那里第一次听到他们家族的病史，受到了不小的震撼。面对早晚会降临到自己身上的命运，想必川岛导演从少年时代开始就一直是在与恐惧搏斗吧。然而他一贯开朗、豁达、玩世不恭，从未流露出悲哀的情绪。这种感情或许是他对无法改变的血缘和因循守旧的传统的逆反吧。那偶尔露出的软弱和破坏型的侧面中究竟隐藏着什么呢？我仰望恐山，揣测着这位故人已无法确证的内心。

现在每逢他的忌日,我们这些老友还会办个名为"川岛会"的聚餐。当初约定这个聚餐办到三十三周年忌辰为止,可如今已经超过四十年,当年发起办川岛会的三桥达也不久前也已辞世,然而川岛会的聚餐仍在继续,而我自己在每年快到六月的时候,仍然会觉得心绪无法平静。

没法绕道

川岛雄三导演的《幕末太阳传》的电影剧本,是当时还属于松竹的电影编剧山内久以田中启一的名字写的,我也参与了修改。

有一天,山内问我想拍什么样的电影,我当即回答说:"想拍重喜剧。"记得那是我第一次说出"重喜剧"这个词,而这个词后来成了我作品的象征。当然,这个词既不是正规的戏剧用语,也不是电影用语,而是我模仿当时受到追捧的"轻喜剧"这一名字自己生造出来的。因为当时我已经在琢磨,光靠"轻",喜剧是不会令人笑得畅快的,如果把人更真实地描写出来,当然就能"重重地"触及笑点,让人喜不自胜,笑得开怀。

1958年，我迎来了第一次导演的机会，拍摄的是根据今东光的小说《帐篷剧场》改编的《被偷盗的情欲》。日活当时一个叫江守清树郎的专务董事——此人日后在各个地方跟我争吵不断——来找我，摆出一副恩人派头说道："你终于当导演啦，去写个计划给我拿来。"在几个候选原作中，公司着力推荐的和我觉得还可以的，都是这部《帐篷剧场》。

这是一出青春喜剧，说的是有个满怀理想的知识青年，认为只有和大众相结合的戏剧才是真正的戏剧。于是，他投身于大阪一个走江湖的戏班子，哪知戏班子中尽是无可救药的懒汉和色鬼，接二连三在演出地引起轩然大波。我在学生时代就是个戏剧青年，不仅看话剧，还到浅草看过不少小戏棚里的戏。我估计如果将那些江湖艺人身上的粗俗与活力放大表现出来，大概会很有趣。

现在我手头有一份剪报，记载了我在开拍之前对记者讲述的心情：

"我以前就对大阪人的天性很感兴趣，早就想着哪天当了导演要把它演绎一番。现在既然找到了好的原作，作为我升任导演后拍的第一部作品，我想尽量吃透这个向往已久的题材，拍得通俗诙谐一些。我说要拍'重喜剧'可能有点儿怪，其实是希望今后拍出与轻喜剧不同的喜剧来。这或许就是我的目标吧。"

电影剧本的事,我拜托给了知根知底的山内,这次他在剧本上署的是铃木敏郎的化名。山内娶的是和小津安二郎搭档的编剧野田高梧[1]的女儿,所以他是待在蓼科高原的野田别墅里写这个剧本的。我也跟他一起在那里住了一个多月,当地人对我说:"你既然这么喜欢这里,我就把附近的一块空地便宜点儿卖给你吧。"于是我也买了一栋房子。从此以后,每年夏天,我都会带着家人到蓼科高原住上四十来天,重新跟离开松竹后不常有机会见面的野田编剧、小津导演交往起来了。

《被偷盗的情欲》的主演长门裕之[2]和南田洋子不是我挑选的,而是日活指定的演员。公司要分派给我能叫座的当红影星,我不愿接受,一概拒绝,但最后还是不得不同意让他们两人来演。长门后来跟我长期交往,不过当时的他我觉得气魄不够,没有震慑力。然而配角我还能按照自己的意图来决定。小泽昭一、西村晃[3]没有辜负我的期望,演得有声有色;泷泽修[4]从筑地小剧场时代起就深得我的喜爱,这次

---

[1] 野田高梧(1893—1968):编剧,与小津合作有《秋刀鱼之味》《东京物语》等作品。
[2] 长门裕之(1934—2011):演员,主演过《太阳的季节》《二哥哥》等多部电影。
[3] 西村晃(1923—1997):电影演员、配音演员,曾两获每日映画大奖男主角奖。
[4] 泷泽修(1906—2000):演员、导演,日本话剧团"剧团民艺"的创立者之一。

很高兴他为我在这部电影中饰演了一个老牌名演员的角色。

从进入松竹开始算起的第八个年头,我的第一部电影终于拍出来了。我想进行的尝试很多,摄制中产生的灵感也不少。看到外景借用的民居中有时会放着佛龛,一个拍摄全体剧组成员对着佛龛双手合十场面的念头从脑海里闪过。可是,我觉得普通的画面没什么意思,心想能不能拍出个从佛龛中看到演员的镜头来呢?但这是人家的佛龛,当然不能把它的背板卸掉。

于是,我想到了镜子。如果在佛龛里放上镜子进行拍摄,那就能获得我所希望的、从佛龛里向外窥视的画面,只是这样拍出来的镜头中是左右相反的,所以拍摄时我让演员把和服上前襟的方向都反了过来。然而,严格说来,这个场面中香月美奈子的脸还是看得出左右颠倒来。

我的性格决定了我从那时开始就不会让摄影草草收场,不会松口说什么"拍得到这样也差不多了"。有一次,我要寻找一块在小河弧形内侧的水田拍外景,那种形状的田地人称"腰包田"。好容易在埼玉县找到一块这种形状的田地,搭起作为背景的小房子进行了拍摄。回到厂里一看,发现漏掉了很重要的部分,于是我再次前去重拍。可是这次回厂一看,还是有很要紧的镜头没拍到,使得我不得不再去补拍外景。

这样一来，公司生气了：一个刚当上导演的人怎么如此我行我素？然而我坚持没有让步。

不过，第一次作为导演站在摄制现场时是很害怕的。在拍长门和南田的一场艳情戏时，我的心里特别紧张，当时哪里想得到以后要拍这种场面的时候数都数不清啊！长门在剧中和南田饰演的戏班主大女儿搞上之后，又移情于一直痴迷自己的戏班主小女儿。对如何表现他这种心理变化，记得我在导演时煞费了一番苦心。

顺便提一句，《被偷盗的情欲》这个丢人的名字也是公司强加给我的，他们说用这个名字容易招徕观众。然而，电影本身根本不是煽情作品，或许有不少观众一开始被电影名吸引到影院里来，看完后就感到上当了吧。我一直认为小说原作的名字《帐篷剧场》就挺好，而对《被偷盗的情欲》这个电影名是不满意的。

影片完成后在公司里试映时，公司头头一般总会横挑鼻子竖挑眼的，但那次他们说了些什么，我已经完全不记得了，大概没什么大的反应吧。反倒是跟妻子一起去离家不远的笹塚馆剧场的情景，我还想得起来。因为不管怎么说，这是我导演的第一部电影，所以我光是盯着观众看，在意的是他们的反应，而不是早已了如指掌的电影本身。听到坐在前排的几个大妈说"没想到还挺好看的",我才感到心里一块石头落了地。

评论家的影评也不坏,我靠着这部电影获得了蓝绶带新人奖。媒体上有的报道甚至说电影界"出了个不多见的新人"。因为当时正值石原裕次郎[1]和小林旭[2]动作片的全盛期,而我拍的故事通篇表现的都是满口河内方言[3]的江湖戏班子,所以这个评价并不过分。

三十一岁才拍出自己的第一部电影是稍微晚了点,然而我还没有达到拍出重喜剧的目标。我把这种心情糅合到了电影快结束时戏班主小女儿的台词中:

"我看是没法绕道的。要是你觉得绕着走的那条路是条直路,那你以为的直路不也成了绕着走的远路吗?"

"重喜剧"诞生

1958年,导演处女作上映之后,我又接着拍了《西银座

---

[1] 石原裕次郎(1934—1987):演员、配音演员、歌手,主演过《疯狂的果实》《银座恋爱故事》等电影。
[2] 小林旭(1938—):演员、歌手,主演过《候鸟》《银座旋风儿》等电影。
[3] 河内方言:指大阪东南部的方言。

站前》和《无穷的欲望》。这种速度在今天确实很难想象，然而那时是电影产业蓬勃发展的时期，拍得多的导演一年能拍六部电影。

我的第二部电影《西银座站前》是公司摄制计划中规定的，我自己其实非常不想拍。那是部通俗歌曲片，让当红歌手弗兰克·永井[1]以一身骑士打扮出场，然后莫名其妙地突然唱起歌来。虽然我以自己是个音盲无法拍这种电影来拒绝，但他们威胁说不拍这部电影就不让我再拍其他电影。他们的要求可谓敷衍了事得很：只要能让弗兰克·永井唱三首歌，故事情节怎么编都行。结果我们遵旨凑出一个逃避现实的故事，说的是一个男子由于厌世而梦想重游战时去过的南方海岛。这部电影勉勉强强拍完之后，我一次也没有再看过。即便是后来为了将所有作品DVD化而重新审视旧作时，只有这部作品，我还是没有胃口再看一遍。

还在拍摄《西银座站前》的时候，我的心思早已飞到下一部电影《无穷的欲望》那里去了。《无穷的欲望》原作是藤原审尔的小说，讲的是一对很难相处的个性男女，他们利欲熏心，谋划去挖洞取出以前埋在那里的吗啡来换钱，但却

---

[1] 弗兰克·永井（1932—2008）：通俗歌手，本名永井清人。

因为相互争斗而以自取灭亡告终。我觉得如果能将愚不可及又精力过剩的一帮反面人物拍得土里土气，估计会很好看。这部电影的剧本我也是跟山内久一起推敲的。

主角这次姑且也使用公司推荐的长门裕之和中原早苗两位影星，反面人物则集中了西村晃、殿山泰司[1]、小泽昭一、加藤武和后来经常在我电影中亮相的那些演员。从这种意义上来说，这部电影已经打上了我的色彩。

这部电影也是我第一次与著名摄影师姬田真佐久搭档。日活制作部的人平时一开口准没好话，总是要求我们削减摄制天数和制作经费，这次竟然破天荒地主动表示："我给你介绍一个顶级摄影师。"我本来以为他是在撒谎，结果倒是真的。

比我年长十岁的姬田留着小胡子，头戴贝雷帽，是从大映影片公司跳槽到日活来的。他总是很好说话，操着关西方言接受我提出的建议，把一切安排妥帖，是个能够准确执行导演意图的摄影师。由于这部作品中有许多在地下挖洞的场面，我还记得他感慨没有地方架设照明灯，艰难地在狭窄的洞穴中拍摄的情景。

---

[1] 殿山泰司（1915—1989）：演员，出演过《源氏物语》《警察日记》《夜之鼓》等电影。

初出茅庐的我有股试验新手法的热情，构思出了一个创意：把画面分为上下两半，将地下一帮坏人挖掘洞穴的场面和地上蒙在鼓里的常人生活场面呈现在同一个画面里。连我自己都觉得这个要求强人所难，然而姬田虽然提醒我"分成两半以后每个画面会变得很小"，但还是拍成了令人满意的画面。

故事快结束时有个反派女子志麻从桥上跌进河里的镜头，那是在横滨的鹤见川拍摄的。当时由于经济已经开始快速发展，而人们的环保意识还很淡薄，各种有毒物质都排放到河中，严重污染了水质。造出一场暴风雨需要大量的水，我们得将水从河里抽上来再从上面喷淋下去。饰演志麻的渡边美佐子[1]不仅要承受劈头盖脸的污水暴雨，还要浸泡在被污染的河中表演溺水情节。这样反复几次的排练使她感到身体难受起来，以致拍摄暂时中止。从那个时候开始，我的绰号"鬼今平"就被人传开了。

暴风是用二百马力的超大电扇扇出来的，再加上竖起强烈的照明灯连续拍摄了三昼夜，惹得河对岸的医院怒气冲冲地前来抗议了："医院里住着重病人，你们打算怎么样？"

---

[1] 渡边美佐子（1932—）：演员，因《无穷的欲望》获蓝绶带女配角奖。

听说噪音和强光害得越来越多的病人无法睡觉,我们的现场负责人只好恭恭敬敬地赔礼道歉。

我自己倒下的事情也发生了。那是摄制进入最后阶段的一天早晨,我刷牙的时候吐血了。由于当时暂时止住了血,我虽然感觉不妙,但还是一声没吭就离开了家。后来拍摄的时候又感到肚子一阵剧烈疼痛,我觉得可能是头天晚上和剧组同仁一起到寿司店大吃一顿惹出的祸。我饭量本来就大,一般来说寿司要吃一百个,小笼屉的荞麦面条也得吃十份,所以心想这次大不了是吃太多了。

场记看到我趴在布景后面的草丛上大口吐血,叫来救护车把我送进医院,医生让我立即住院。诊断结果是胃溃疡和十二指肠溃疡,必须保持绝对静养。

可是,怎么能这么让医生摆布呢?第三天我就硬让人把我用担架抬回制片厂,医生、护士也跟着我来到了摄影棚。虽然医生警告我说声音太大伤口就会裂开,不准我大声吆喝"准备——开始!",但全神贯注地拍摄时,医生的警告就会被我忘记得一干二净。这时,背后就会传来"那我可就管不了啦"的埋怨声。

尽管吃尽了苦头,但还是值得的,因为我通过这部作品好歹掌握了"重喜剧"的形式。这是一部我不会忘记的电影。

蛇浦山

在日活与"鬼今平"同样令人惧怕的"蛇浦山",就是浦山桐郎。浦山后来因为导演《化铁炉的街》《我抛弃的女人》和《梦千代日记》而成名。当年我担任川岛雄三剧组的第一副导演时,他是剧组里的第二副导演。我升任导演时,他被我拉来担任第一副导演,从我导演的第一部作品《被偷盗的情欲》到第五部作品《猪与军舰》都与我共事。

浦山来自兵库县的相生市,是个白白净净的美男子。第一次见到他时,我还曾劝他去当演员。他其实是个饱尝艰辛的人,高中还没念完时,在造船厂工作的父亲就自杀了。他靠着做苦力才从名古屋大学毕业。因为想进松竹大船制片厂,他进京参加了考试,但当时的松竹很计较出身家庭的影响,最后无视他的成绩,以单亲家庭为由没有录取他。

这对浦山的打击想必很大。然而,他尽管知道自己未被录取,却仍然不死心,照样到制片厂里东奔西走。他找到在大船副导演部工作的昭子(后来成了我妻子),还有铃木清顺导演,对他们发牢骚说:"我也不知道为什么没录取我。现在我身无分文,连名古屋都回不去了。"他们二人觉得浦山实在可怜,就劝他说:"既然你那么想当导演,那还可以再去参加一下日活的考试嘛。"后来昭子看到我回家时跟在身后的浦山，不禁吃了一惊，因为她还记得当时浦山来找她的情景。

三杯下肚回忆起自己苦涩的青春时，浦山会嘤嘤而泣；屈指数起炎凉世态中对自己施以援手的几个好心人时，也会声泪俱下。从浦山拍的电影就能看得出来，他是个多愁善感的人。我经常还会因为觉得有趣而故意撩他："接着哭呀！"然而到了紧要关头，他会像蛇一样死死缠住不放，直至对方屈服。浦山的运动神经出类拔萃，在初中、高中时就作为短跑高手而大放异彩。他是我摄制组中最优秀的副导演，在我拍第四部作品《二哥哥》时，他真的展示了一次飞奔。

《二哥哥》是一部将当时最畅销的书《一个小学生的日记》电影化的作品。主人公是几个在日朝鲜人兄妹，电影讲述了他们在最贫穷的煤镇上坚强生活的故事。对于以往一直拍摄"欲望""情欲"之类电影的我们来说，这个故事纯洁得足以让人感到害羞。我很有兴趣以在日朝鲜人为主人公来描绘他们的生活。剧本是隆庆一郎以池田一郎的名字写的，隆庆一郎后来独创一派，成了历史小说家。

由于公司同意所有拍摄在外景地进行，所以我们在佐贺县唐津市找了一个废弃煤矿，决定将摄影机架在巨大的煤矸山上进行拍摄。电影中有一个从煤矸山上俯拍的镜头，拍的是西村晃饰演的澡堂烧火工在煤镇长街上不停地跑。可是西村患有肺病，我担心他根本跑不下来，于是半夜里把跟他体型差不多的浦山叫来当替身。"跑！"随着我一声令下，浦山使出浑身的劲，飞快地跑完了全程。

在影片最后一个场景里，兄妹俩要登上煤矸山，可拍到一半的时候，背景的海面上正好出现了一艘大货船，把场景破坏了。我大声喊道："快去想想办法！"浦山一听，二话不说跑下山去。过了一个多小时，那艘船终于开走了。后来听说他去一个个说服船长和船员，才让他们中止了在海上的作业。我心想，这家伙真有能耐啊。

我这个"鬼"呢，老是为了电影胶片的事跟公司发生冲突。我为了避免漏戏，从试拍阶段就舍得用胶片，正式拍摄时也会反复拍。但公司预先发给我胶片时要我"就用这么多胶片拍"，可那么点胶片是远远不够的，所以公司总是对我很有意见。拍《二哥哥》时也不例外，发给我的胶片用完时，预定的镜头还有三分之一没拍。

我申请追加胶片，但他们拒绝说："今村浪费得太厉害了。"可我还是不停地催他们追加，于是公司本部来了个负责胶片的人。他其实已经把胶片带来了，却还是对我发火说：

"胶片已经没有了！"我一听勃然大怒，毫不客气地顶撞他道："到富士[1]去的话，要多少有多少。你马上去给我买来！"最后他总算压下火气，放下胶片就走了。幸好这部电影公映时大获成功，所以公司没有处罚我。

从处女作《被偷盗的情欲》开始，我电影里的音乐一直是拜托黛敏郎[2]作曲的。请他作曲不是公司指定的，而是我自己决定的，因为从跟川岛雄三导演的时候起就与他有关系。黛敏郎那时已经是个知名音乐家，对电影有很敏锐的感觉，写了很多优秀的电影音乐。可是我也并不会总是原封不动地使用他作的曲子。

《二哥哥》中有这样的戏：妹妹趁着学校组织远游的机会，去看望在镇上打工的姐姐。重逢之后妹妹乘上公共汽车离开时，姐姐舍不得分离，跟在汽车后面拼命追赶。这是一个催人泪下的情节。黛敏郎为这个场面创作了凄婉感人的乐曲，但我不喜欢。我认为不需要音乐来为电影画面过度渲染感情。不仅是音乐，就是依靠这种手法来制作电影也是不光彩的。

---

[1] 富士：指日本富士软片股份有限公司。
[2] 黛敏郎（1929-1997）：日本战后古典音乐、现代音乐界的代表人物，是具有世界影响力的日本作曲家。代表作有《涅盘交响曲》《金阁寺》等。

黛敏郎没有马上接受我的意见，我也寸步不让，僵持到最后，他还是听从我这个导演的建议，重新改写了乐谱。

三十年后拍摄《黑雨》时我也有同样的感受。这次为电影作曲的是武满彻。电影中有个金黄色的芒草迎风摇曳的场面，视觉效果极佳。武满为这段画面谱写了整部电影中最优美的乐曲，但曲子却并不中我的意，甚至听着都会觉得难为情。我歉疚地向武满请求把这段曲子改掉，但看样子他当时并没能马上理解我的意思。

《二哥哥》获得了评论家们的肯定，除了蓝绶带男主角奖（长门裕之）、蓝绶带编剧奖（池田一郎）之外，还获得了艺术节文部大臣奖。我是1959年12月14日得到了这个获奖消息，那天我的大儿子正好出生。制片厂厂长颇兴奋地把电话打到医院里来通知我，还多嘴多舌地提议："好容易得了奖，你给孩子取个跟这个奖有关系的名字怎么样？"然而我已经给孩子取好了"大介"这个名字，所以就敷衍他道："孩子的名字中既然已有'文部大臣'的'大'字，也就够了吧。"

我不知道自己是否配得上这个权威大奖，但欣喜的是这个奖让父亲很高兴。虽然我这个不肖之子当年对他编造谎言，拒不继承医生家业，但今天他终于也能以我当上电影导演为荣了。获奖后第二年（1960年）的夏天，七十六岁的父亲辞世。

我这个奖权当对他所尽的最后孝心吧。

拍摄要在外景，演员要用外行

《二哥哥》虽然是日活摄制计划中的影片，但我靠它确立了自己剧组的基本摄制手法：其一，不使用制片厂的摄影棚，全部在外景地拍摄；其二，起用外行来当演员。因为专业演员有时会做些小动作来炫耀自己的演技，这对整部电影来说反而是有妨碍的。指导外行虽然麻烦，但只要他站在那里，就能呈现出活生生的个性，这样导演起来反而容易。

在《二哥哥》中，除了日活的影星长门裕之以外，四个兄妹我全部起用外行来演。四人中那个最小的妹妹，是我跑遍各个游泳池挑选来的，当时她穿着泳装显得很穷酸。我又去了东京好几个高中，终于选中了松尾嘉代，因为这姑娘给我的整体感觉很符合剧情，我觉得把她放在贫困至极的煤镇环境中不会显得不协调。

扮演二哥哥的少年是通过面试招来的，演这个角色的必须是个活泼的孩子。我录用这个少年是因为他当时拍胸脯说自己不管哪种运动都很拿手，但其实是在撒谎。到了要拍的时候，他既不会游泳，也不会玩单杠，我们只能对他进行强制特别训练，直至他能达到要求。

首次按原创剧本拍摄的作品，是我的第五部电影《猪与军舰》。找到吉村实子来扮演女主角，也花了我很长时间。这部电影的主人公是在横须贺美军基地周围占地为王的流氓地头蛇，照例由长门裕之扮演。我当时在找演员来扮演他的恋人春子。在东京平民市井街区走了几处小牙粉厂之类的地方，并没有看到能让人眼睛一亮的女子。尽管找不到，我也不想起用日活的女演员。

一天，有个演员部出名的浪荡鬼来对我剧组里的人说："箱根芦湖上玩滑水的人中有个非常漂亮的女孩。"他说的那个女孩就是吉村实子。吉村的姐姐芳村真理是崭露头角的女演员，她自己还在上女子美术大学的附属高中。我与本人一见面，她表情中的强势与性感就让我感到这个女人可以胜任要她演的角色，于是当即拍板定了下来。

然而要她扮演的是流氓的恋人，还有被强奸的情节，这使得我费了不少口舌才总算说服了她父亲。顺便提一句，纯子喝醉之后被美国兵强奸的场面用了旋转拍摄的方法，这也是我的主意。采用这种拍摄方法不是为了没完没了地表现性交本身，而是想表现纯子的心理变化和时间的流逝。摄影师姬田真佐久听了我这个主意后，想出了一个好办法：先把摄影机吊在天花板上，再用手来转动摄影机拍摄。

吉村实子我没有选错，她是个很有胆魄的女子，演起色情场面来不动声色。记得妻子告诉过我这么一件事：有一天，吉村突然闯进我在笹塚的家里，她好像是溜出调布的制片厂坐京王线轻轨来的。"对不起！真不好意思，能让我睡一会儿吗？实在是困极了。"我妻子一愣，赶紧拿出被褥。睡了一个多小时后，只听她说了声："啊……这下舒服了，谢谢！"然后又像什么事都没发生过似的走了。

这个剧本的缘起，不过是因为我和山内久想以美军基地和黑社会为题材拍部电影。横须贺由于媒体频繁报道有美军驱逐舰和潜水艇进港，引起了我们的注意，于是我们坐上横须贺线到那里去。这条铁道线我在松竹的大船制片厂时也乘坐过，以前叫作"须贺线"。我走在俗称"沟板巷"[1]的横须贺本町一带觉得很舒坦，它嘈杂的气氛令我想起了已从东京消失的战后黑市。

港口里才来了几艘驱逐舰级的小军舰，这里的商店和招徕外国人的酒吧就一下子热闹了起来，挤满了那些有钱的水

---

[1] 沟板巷：战后横须贺市中心一条三百米长的商店街。路中有一条沟，为通行无碍而用海军工厂的厚铁板盖住，因此而得名，同时也作为丝卡将的发源地而闻名。

兵，聚拢了夜晚出动的女郎和皮条客。此刻这个港口城市最关心的是即将进港的那艘有五千多人的航空母舰。影片中最后那个场面，其实是我们为了从港口拍摄军舰而在街上进行采访。让人匪夷所思的是，最早将军舰进港的准确信息告诉我们的，竟然是一家洗衣店。

流氓地头蛇策划用美军基地的残羹剩饭来养猪赚大钱的故事情节，是我们从报纸登载的真实报道中得到启发想出来的。我自己也觉得能拍成一部很特别的作品，所以把剧本交给日活的头头江守清四郎时，向他推荐说："这个计划有趣极了，上座率一定会很高。"可是跟以往一样，我又遇到了很多麻烦。

最大的压力是指责这部电影"反美"，还在开拍之前就有两三次差点中止工作，也有人威胁我："你这下子可上了美国的黑名单了！"我虽然希望完全用外景地拍摄的方式，好将沟板巷的生气原汁原味地搬上银幕，然而遗憾的是同样迫于美军的压力，最后只好在日活的玄关前搭出一套巨大的布景来进行拍摄。

我和山内一起关在涩谷南平台旅馆里写这个剧本的时候，恰逢1960年日本全国反对日美安保条约最热火朝天的阶段。这家旅馆就在岸信介的首相官邸前面，我们眼皮底下的狭窄马路上挤满了大批学生和新闻记者。到旅馆借电话用的人中有个认识我的记者，他吃惊地望着我说："现在这种时候，你到底在干什么呀？"

我并不是不关心政治，因为身上的早稻田细胞相当旺盛，念书时共产党就曾经邀我入党，我也有共产党党员的朋友。只是相比意识形态和政治，我的性格更适合不加修饰地追求人生的真义。而且我开始感到，要研究日本的社会，从土著文化、民俗方面入手似乎更合理。

当日本列岛在政治季节震荡的时候，我却沿着柳田国男的民俗学的路径一心探寻着。日本人是如何逐步形成今天这样的社会和价值观的？我觉得应该继续发掘的是自古以来根植于农村的迷信传说和规则，而不是从美国批发来的民主主义。从我的下一部电影《日本昆虫记》开始一直到《赤色杀机》和《诸神的欲望》，都是围绕这个主题发展的。

拍摄《猪与军舰》的时候，我还没有思考到上述程度，但是有意想把日本战败后受美国蹂躏的状况与美军基地和横须贺叠加表现出来。我想出来的高潮，是让大量的猪从卡车里跑到大街上横冲直撞，让那群攀附美军的、猪一般的流氓地头蛇被真正的猪践踏撕咬。所以我指示第一副导演浦山桐郎去给我找一千头猪来。

浦山千辛万苦从立川一带的养猪场里集中了大批肉猪，可是到了摄制那天，集中起来的连五百头也不到，而且还上了养猪场老板的当，里面混杂着许多小猪。如果是成年大猪，按理五六头就足以将道路堵得无法通过，结果我们让十头猪一起上阵也无法把路堵住，没有形成想象中的震撼场面。

更何况真正的猪与我们想象的相反，秉性非常老实，不管我们怎么打它屁股也跑不起来。偶尔有一头跑了几步，但马上又累了，非得休息很长时间才能继续跑。跟来的养猪场老板还斤斤计较地不忘说几句扫兴的话："这么一跑猪轻了不少啊，别再让它们跑啦！"一个在九州经营养猪场的朋友后来看了完成的影片，按他的说法，要想让猪跑是有一个刺激它的老窍门的。他责怪我们"根本不懂猪的脾气"。拍动物有多难，我算是经历过了。

猪完全没有那种攻击人的凶猛劲，扮演流氓的三岛雅夫为了让猪来咬自己的脚，还在鞋子上涂了黄油和油。我虽然不停大声呵斥着与摄影师姬田一起追赶猪的几个副导演，也还是没有拍出满意的画面。对于这件事，我至今还在后悔：难道就没有更高明的办法了吗？

拍完之后，浦山他们几个副导演一脸无精打采，好长一段时间都在哀叹：对炸猪排一点儿胃口都没有了。

拍平民，

拍神灵

去南方——沿着柳田民俗学指引的方向

猪的镜头给我留下了遗憾,但《猪与军舰》为我带来了一种成就感。笑声在深究人的露骨欲望中诞生了,战后日本的现状也被突显了出来。当上导演之后"重喜剧"的想法一直萦绕在我脑海中,现在我切实感到自己已经让这种思想成形了。

然而,日活的反应却很冷酷。因为不仅比原来的预算超支了将近四百万日元,而且尽管电影一炮打响,票房却略微差了一点。担任制片人的大塚和被迫写了书面检讨,今后三年也不再给我工作。单靠日活给的那点当初签约的底薪无法生活,我只好放弃笹塚的房子,带着妻子和两个幼小的孩子搬到静冈县三岛市去。我的老朋友北村和夫的双亲在三岛经营着一家诊所,他的哥哥也在三岛。北村的哥哥不时还会将打来的野猪、野鸟送给我分享。

这段时间我并非困守房中无聊度日,杂志上登载的剧本引起了我的兴趣。我到东京去拜访编剧长谷部庆次[1],与他一起写剧本,不停地提交给公司。就是在那个时候,我构思了后来拍成电影的《赤色杀机》和《日本昆虫记》,还到各地去挑选适合故事的舞台,最终写成了剧本。尽管制片人大塚和为我游说疏通,这两个剧本还是立刻被否定了。然而别人为浦山桐郎写的、他的导演出道作《化铁炉的街》却马上通过了。

第三个孩子出生后,生活更加拮据了。我和长谷部订了一个拍摄计划,到西南诸岛去采访,旅费是借了钱才凑足的。这个计划是要拍一部题为"禁海"的海洋动作片,我们估计这部影片公司会喜欢。之所以要到南方去,是受了柳田国男的民俗学影响。柳田认为日本人的祖先是从南方随着黑潮漂洋过海而来的,我想通过调查当地的古老民俗和信仰,来考证柳田的这一论点。

走在南方的小岛上,我对采访中了解到的与北关东、东

---

[1] 长谷部庆次(1914—):编剧,作品有《日本昆虫记》《诸神的欲望》《忍川》等。

北农村不同的气质有了深刻的体会。本来我轻率地以为这里的农民是不唱歌的，可是岛上的农民无论在干农活的时候还是在休息的时候都在唱歌。后来到冲绳去采访的时候也有同样的感受。他们土著的信仰是渗透在日常生活中的，这一点很有意思。

在冲绳的时候，与一般人谈着谈着，对方会突然冒出一句"前几天我把魂儿丢了"之类的话来。当地居民每逢遇到什么事，都会向在岛上被唤作"佑他"的巫女求教，这些巫女也都是些普通的成年妇女。不知为什么，我竟然很讨这些佑他喜欢。有一次，一个满脸皱纹的佑他迷上了我，竟然冲到我住的旅馆里来了。

我采访过的佑他反而来向我求教的事情也发生过。她是来找我商量孩子升学问题的，希望在进庆应大学还是地方国立大学的问题上听听我的意见。她问我哪个大学好，我却对这两个大学都一无所知，只好勉强敷衍了她一下。

我到奄美群岛的一个孤岛上探查风葬的痕迹，可是当地居民矢口否认现在岛上还存在那样的习俗，拒不告诉我哪里还留有风葬痕迹。然而，这种时候我还是毫不气馁，坚持继续寻找，决心不调查清楚真相就不离开这个孤岛。终于，有人为我指示了大致的方向："大概就在那边吧。"虽然这含混不清的指点让我转悠了很久,但我最终发现了一个面向大海的天然洞穴。沿着悬崖边一条细小的山道下去踏进洞里,只见大量骨头散落在地上。听到脚下踩着的死人骨头咯嘣咯嘣的断裂声,我高兴得心口怦怦直跳。传说人死后会变成灵魂四处游荡,但我根本不相信。长谷部当时已经吓得站住不动了,可我不去管他,还是踩着死人骨头继续向里走,一边嘴里不停地叫着:"看到了……那边还有呢……"长谷部这个一米八的大男子汉不知怎么很容易神经过敏,后来听他说,由于我老是拽着他到蛇可能出没的地方去,他好几次都感到自己必死无疑了。

虽然拍摄《禁海》的计划最终由于"预算过高"未获通过,但这次海岛环游还是卓有成效,对后来的创作有很大助益。根据采访所得的资料,我和长谷部写了一个戏剧剧本《帕拉吉——诸神与众猪》,是为小泽昭一主持的剧团"俳优小剧场"写的。这个剧本成了六年后诞生的电影《诸神的欲望》的创作底本。

"帕拉吉"是冲绳、奄美一带的古方言,意为血亲。这出戏以西南诸岛中虚构的"海蜇岛"和一个东京的小工厂为舞台,描绘了一个地域社会的状况。之所以构思这样一出戏,是因为我觉得,孤岛是个闭塞原始的血缘社会,从他们的视角来重新审视战后发生了巨大变化的日本社会,或许会很有趣。电影《诸神的欲望》情节与这出戏基本相同,只是删去了东京小工厂的部分。

写这出戏还因为我很早以前就跟小泽约定要给他写个剧本。1962年这出戏上演的时候,还是我当的导演。这是我离开学校以后第一次导演戏剧,在拍过几部电影之后再重操旧业,就感到没有拍电影那么顺手了。即使我想要炙热的太阳,舞台灯光的亮度也极为有限,如果是拍电影的话,只要到南方去拍真正的太阳就行了。不过当时搞完这台戏后我累得精疲力竭,并没打算再把它重拍成电影。

我提出的电影摄制计划在日活仍然没法通过,于是又只能回到三岛去过每天仰望富士山的日子。一天,制片厂厂长打电话来。我家里没有电话,是打到邻居家叫我去接的。

"我跟石坂洋次郎[1]一起到伊豆的温泉来了。你来不来玩玩?石坂说想见见你呢。"厂长擅长拍文艺片,当时他根据石坂的原作拍摄《绿色的山脉》,获得了成功。

到了伊豆长冈一家高级旅馆里,石坂和厂长正并排坐在镶嵌被炉旁。石坂一本正经地问我:"你最近在干什么呀?"

---

[1] 石坂洋次郎(1900—1986):小说家,代表作有《年轻人》《绿色的山脉》《白桥》等,获第十四届菊池宽奖。

"在写剧本,可老是被这个人给毙了。"我如实奉告。

"什么样的剧本啊?"

我按他问的介绍了《日本昆虫记》的故事后,石坂转向厂长说:"挺有意思的嘛。你为什么不让他拍啊?"

"唉,是因为预算什么的……"厂长急忙解释道。

石坂一听,再次劝他说:"我看你还是让他拍吧。"

过了半年,公司同意我拍《日本昆虫记》了,也许这是多亏石坂助了一臂之力吧。

你们怎么净写些蛆虫?

环游宇宙的大小星星既由于引力相互吸引,同时又相互排斥,以此保持着恰到好处的相互距离。同样,一般来说,只有在人物配置、中心思路和情节伏笔之间取得平衡,才能称之为好剧本。年轻时我绞尽脑汁,就是想写出这样的剧本。

但如果打破这种常识,平铺直叙地写一个舍去任何关联、单单罗列事实经过和结尾的剧本,会不会很有意思呢? 1963年摄制、公映的《日本昆虫记》就是这种创作理念的产物。

为了彻底了解现实中的人物,描写出他们走过了一半的真实人生，我和编剧长谷部庆次一起进行了缜密的实地调查。我们找到以前的老鸨，了解她的亲身经历。这个女子是一家旅馆的老板娘，旅馆就在我们制片厂的人常去的东京平民区南千住。她当时才四十几岁。

这个女子出身于北陆的农家，年轻时来东京后，先在一家妓院当女佣，不久后也开始站街拉客，最后发挥出她的聪明才智，爬上了应召女郎组织总头目的位子。朴实的农村姑娘渐渐变成了荒淫放荡、心狠手辣的女人。我想，如果以严肃的写实主义态度来截取她这段生活经历拍成电影，那么现代人气质的形成过程或许就会突显出来了吧，而这种写实主义在拍脑袋想出来的故事中是没有的。

这个主人公由左幸子扮演，她来担任主演是我强烈希望的。公司本来要我让岸田今日子来演，但我拒绝他们说，在大城市长大的岸田演不出农民的乡土气质。左幸子来自富山县，身上带有一股强韧劲，让人觉得无论肉体上还是精神上，她都绝不会在逆境中被摧垮，这与我要描绘的女子很吻合。但其实左幸子当时已经怀孕，她是很在意自己身体的。

一次拍外景时，因为她说身子无法自如地动作，我们请来了村里的保健护士。保健护士检查后轻巧地说道："我们这儿的媳妇要是有这么点不舒服是不休息的。"我一听，立刻让拍摄继续进行。为这事儿，左幸子好像很怨恨我，但"鬼今平"当时只是得意地心想：不出我所料，这个女人的身体还是挺顶得住的，当初我这双眼睛确实没有看错。扮演父亲的是我的老搭档北村和夫，他乐滋滋地演了后来成了广为人知的剧照的那个吸吮左幸子乳房的场面。

拍这部电影时，在技术上我也想有新的尝试。这部电影的摄制中第一次试用了现场同步录音。这种方法是将无线话筒藏在演员衣服里，把演员表演时说的台词和音响效果一起录下来。这样得到的声音虽然音质稍差，但连演员的气息也能一起收录，很有身临其境的感觉。这种手法现在已经没什么稀奇的了，但当时主要用的还是后期录音，在拍完影像后再让演员一边看画面一边念台词进行录音。我觉得后期录音无论怎么努力都难免带有表演腔，而表演腔不适合《日本昆虫记》那样的影片，所以才试用了现场同步录音。

这部电影拍摄时没有搭建布景，都是借用东北的农家和东京的店铺进行实景拍摄的。实景不像布景那样可以随时、随地、随便拆除墙壁，但这种实景的制约反而催生出了有意思的画面。有个场景是左洋子和由吉村实子饰演的一个农村来的姑娘在东京的街上边走边说话，这个镜头是在东京江东区沙町的大街上拍摄的，当时正是黄昏，街上来来去去满是买东西的人。摄影师姬田真佐久在用长焦镜头进行偷拍时，演员哪怕是在进行重要的对话，也不用在意摄影师，可以很自然地走在人前人后。这种画面若按惯用的摄制手法是无法想象的，这样产生了一种类似纪录片的效果。

对于制片厂里成长起来的人来说，传统的电影手法会不知不觉渗透到自己身体里面去，拍出来的电影会显得千人一面。而我是不安于现状的，这部《日本昆虫记》就是暂且将一切传统洗掉，力图探索某种不同方法的产物。

谁也没有想到，就在这一年，教我导演基础的两位师傅——小津安二郎导演和川岛雄三导演先后逝世了。

虽然我因为对小津剧组拍电影的方式有抵触而离开了，但小津导演好像还是一直很在意我。昭子那时在松竹的副导演部工作，跟我订婚后的一天，有人叫她去厂长的办公室送文件。一进厂长室，坐在里面的不是厂长，而是小津先生。昭子当时有点奇怪，可是送完文件回来后有人告诉她："那是因为小津导演想见见你这个人，才故意让我们叫你去的。"我猜也许是小津先生当时好奇心发作，想知道我的结婚对象是哪种感觉的女子吧。

1958年我也买了一栋别墅，就在小津导演和编剧野田高梧写作的长野县蓼科高原别墅附近。我经常和家人在暑假时在那里住很长时间,带着两个儿子散步时经常碰到他们。他们很疼爱我的孩子,我也常拜访他们的别墅,大家一起喝酒。

"你们怎么净写些蛆虫?"小津、野田的这番数落,就是我跟山内久在那里写《猪与军舰》剧本的时候说的。望着小津脸上的嗤笑,我嘴上敷衍了几句,心里却在狠狠地骂这个"老东西"。我暗下决心:"我就是要写这些蛆虫,至死方休!"所谓师傅,就是实在值得感谢的人。

女性无法估量的坚强

《日本昆虫记》上映大获成功。因此,我和长谷部庆次在三岛写好后被束之高阁的另一个剧本《赤色杀机》也终于重见天日。

这个故事描写的是个一直受到丈夫和婆婆蔑视、欺凌的主妇,她被强盗强奸后,在被强盗纠缠的过程中逐渐发掘出自己潜在的力量,最终与强势的丈夫和婆婆之间实现了地位逆转。《日本昆虫记》的主人公是个不好惹的女性,而在《赤色杀机》中,我想用与前者不同的方式来表现出女性的坚强。

在藤原审尔的原著小说中,这是个以东京下北泽一带为舞台的都市故事，而我把舞台搬到了东北。上小学时被老师灌输的对农村的向往变成了一种复杂的感情，一直留在我的脑海中。在耳熟能详的江户落语中，只要一提到农村便是指东北，而我也曾痴迷于去过东北农村的柳田国男的民俗学。

闲居在三岛的时候，我常和摄影师姬田真佐久一起到东北地区去搜集素材，从福岛到青森几乎都走遍了。我一直惦记着这部电影的内容，所以每到一处便去问当地的报社："这一带有没有一个女子虽然被多次强奸却毫不气馁，顽强地生活下去的？"然而不管我问哪个报社，他们都回答没听说过这样的女子。想来也是真的没有吧。

关于女主角贞子的形象，我当时的设想在笔记里是这样写的："胖瘦适中，不高不矮，丰腴白皙，长相招男人喜爱；母性，感觉温柔，性器发达，爱液丰沛。"如果再加上一点要求的话，就是她最好愚钝而糊涂。被选中扮演这个角色的，是原日剧音乐厅的裸体舞星春川真澄。拍《日本昆虫记》时我第一次起用春川演一个配角，感到这个女演员有不错的直觉。

除了春川之外，我想不出还能找谁来演贞子。然而刚向公司提出，他们又像过去一样不问青红皂白地反对："什么？你要让她演？"但我坚持自己的选择："那你们从日活找得出她那种类型的女演员吗?"最后甚至拉下脸来与他们硬碰硬了。不过说心里话,我当时心里也并不是完全有底。这个决断是鼓足勇气才做出来的,但最后的结果证明,这没有错。

春川很能理解自己扮演的角色。在演贞子被强奸后到厨房去吃剩饭那段戏时,我没有给她什么具体指示,只见她一把将冰冷的酱汁浇在饭上,随即默默地狼吞虎咽起来。她这段戏恰如其分地表现出了一个相较理性更受本能支配的女子。

总而言之,我在日活时完全没用过被称为明星的人。曾有人来问我愿不愿拍一部大明星石原裕次郎主演的电影,我对石原裕次郎很感兴趣,于是读了他们拿来的小说原作。原作描写的是个电力公司老板,他在付出种种牺牲之后,终于完成了一项艰巨的工程,在一个不为人知的地方建起了巨大的水库。故事通篇都在夸夸其谈,我看得心里讨厌,也就不想拍了。

不管什么题材,我都讨厌夸张的作品。这个拍摄计划最后交给熊井启导演,他成功地拍出了《黑部的太阳》这部电影。

不单是为了拍摄《赤色杀机》,我平时就喜欢到陌生的地方去搜集素材。当时为了收集信息,除了拜访各地报社之外,我还喜欢到各地政府去。

"这次要在这里拍电影,能不能借你们的车子用用?"

我一般是这么提出请求。虽然拍不拍还没个准，但我也不是完全撒谎。听我这么一说，大概是考虑到拍电影有助于将来振兴本地旅游事业吧，当地政府基本上都会将汽车免费借给我们，甚至还会派人带路。对今后进行外景实拍选择适当的摄制地点来说，这样的预先调查是很有助益的。

电影中，贞子独守在铁路边的家中被强奸的那场戏，是在仙台找到的旧房子里拍的。因为剧本为这房子规定的条件是必须在火车头开过的铁路旁，所以我来来去去坐了好几次东北本线的慢车，注意看左右车窗外，寻找合适的房子。

扮演贞子儿子的少年日野利彦其实是住在那一带的孩子。当时副导演找来几个孩子让他们随便画画，其中一张最有意思的就是日野利彦画的，所以我们起用了他。日野虽然身上有残疾，但他通过参演《赤色杀机》开始喜欢电影，并认定当演员是自己唯一该走的路。后来他成了我设在横滨的电影学校的学生，在毕业电影作品《傻瓜》中担任主演。现在他仍然活跃在寺山修司的舞台[1]上。

春川与露口茂演的强盗平冈在火车上扭作一团的那场

---

[1] 即寺山修司主持的剧团"天井栈敷"。寺山修司（1935—1983）：日本导演、编剧、诗人、评论家、演员，前卫戏剧代表人物，拍摄有《上海异人娼馆》《死者田园祭》等，著有《扔掉书本上街去》等作品。

戏，是在松岛车站拍的。姬田凭借这部电影在每日映画大奖、NHK电影奖等评比中一举夺得了三个摄影奖。这些奖拿得货真价实，因为姬田拍的这部片子随处都凝聚着他的创意，松岛车站这场戏大概是尤其难拍的。

在这场戏中，平冈在贞子乘上火车后也跟了上来，他尾随逃跑的贞子一直追到车尾，终于抓住了她，期间穿插着蒸汽机车开动等一连串其他情节。我希望姬田从站台上把这场戏拍成不间断的连贯画面，并用现场同步录音。但问题是列车开动之后怎样才能追上火车把车厢里的戏拍下来。

考虑到最后，想出了一个解决这个问题的方法：让一辆放摄影机的小型汽车在站台上朝前开，但因为是现场同步录音，不能发动引擎，因此得派一个臂力好的人待在火车车尾，让他与坐在小型汽车上的人手拉手来牵引汽车向前，同时再让几个人从汽车后面推。然而实际拍摄的时候，很难让沉重的汽车朝前走，而且这个车站一天只来一趟蒸汽机车，所以一失败就得等到第二天再拍。这场戏直到第八天才拍成，当时我们真的是高兴极了。

《赤色杀机》这部作品我自己也很喜欢。我觉得它表现出了女性无法估量的坚强，这样的女子即使肉体受到侵犯，心中的精神内核也是不会被摧毁的。这部电影拍成了与原作完全不同的故事，但原作者藤原好像仍然觉得很好看。1964年影片公映之后，他打电话问我："我可不可以根据这部电影写本小说？"

"当然可以啦，请吧！"我回答道。

歌舞伎町的牛鬼蛇神"侦探社"
——成立今村制片公司

围绕《日本昆虫记》和《赤色杀机》的演员挑选或是软片配给和预算，我跟日活都有很厉害的冲突。对公司的干涉我早就到了忍无可忍的地步，拍完《赤色杀机》后，我决定单干。我到日活的总公司对江守清树郎专务说要辞职，"噢，是吗？"他的反应很淡定，既没有表示反对，也没有挽留。也许公司早就觉得我不好打发，倒不如说我的辞职让他们松了一口气。

按照登记，今村制片公司的设立是在1966年3月，那年我三十九岁。我前一年就在新宿的商用楼里布置好了办公室。职能人员有两个人——我的亲戚武重邦夫和日本大学毕业后来管总务的曾志崎信，还有一个女子处理日常事务。

如果没什么别的事,我一般十点上班,每天都在附近买个便宜的油炸大丸子,在办公室里大口吞下肚。一到下午,除了还在日活干的浦山桐郎导演之外,小泽昭一、西村晃、坂本澄子[1]这些同仁也会来露脸。渐渐地,泡在我办公室的人更杂了,有喝酒或采访认识的女招待,有被逐出僧门的和尚,还有败光家传旅馆的浪荡公子。浦山他们不无吃惊地调侃我说:"今平就是喜欢牛鬼蛇神啊。"

办公室里有榻榻米的房间,不拍电影时闲着没事,我们会整天在里面打打麻将,侃侃文学、戏剧,或一起畅谈拍电影的计划。1981年的《挺好的嘛》[2]、1983年的《楢山节考》、1987年的《人贩子》、1989年的《黑雨》、1998年的《肝脏大夫》等计划,都是在那个时候勾画出轮廓来的。

虽说已独立单干,但我与日活的关系并没有随之切断。今村制片公司的第一部作品《黄贩子的人类学入门》就是与日活共同摄制的。听说在日活高层的一个会议上,有人提出小泽沼一的电影形象很有趣,该拍一部他主演的电影了。小泽自己也问我有没有什么拍摄计划,我把从杂志上读到的野

---

[1] 坂本澄子(1936—):歌手、演员,因《黄贩子的人类学入门》获1966年每日映画大奖女配角奖。
[2] 《挺好的嘛》:1981年电影,原文题为「ええじゃないか」,一译"乱世浮生"。

坂昭如的小说《黄贩子》推荐给了他。

这个故事的主人公咕咾爷的行当是制作售卖色情照片、影片兼拉皮条，他跟开理发店的一个带着孩子的寡妇同居，又和寡妇的女儿通奸，结果自己变成了阳痿。我随口煽动小泽说，要是接下来描写咕咾爷如何医治自己的阳痿，那电影大概会很好看。我跟小泽约定，我只负责写剧本但不担任导演。然而我被日活的制片厂叫去向那帮制片人说明时，他们全都默不作声了。

我被问到如何处理整部电影中的色情情节，因为当时正是电影伦理管理委员会审查严格的时期。我不假思索地解释说这部作品着力表现的是人的无奈与为了生活的挣扎，极力主张不应该纠缠于局部色情场面，这种抓住色情场面不放的做法是很恶劣的。他们听后问我，那么你能不能来拍这部电影？这一来，我可就无法推托了。

按照我一贯的做法，即使已有原作小说，也还是要经过细致的佐证调查后才能写剧本。拍摄《日本昆虫记》的时候，光是了解娼妓和皮条客的关系我就写了三大本笔记。为了拍《黄贩子的人类学入门》，我也采访了许多制作色情影片的人。听他们告诉我"你的电影很有参考价值，看了好几遍"时，我的心里很复杂。他们的电影摄制出人意料地正规，是借人家的房子拍的。有时房主嫌他们付的一千日元租费太少，还会把他们赶出来，说什么"付这么点钱你们还是到动物园去拍吧"。这些人辛辛苦苦地勤奋工作，换来的报酬却不多。我觉得这一点和我们是一样的。

我曾经待在大阪府警察局的地下审片室里，花了整整一天时间看他们没收的色情影片。我还找出野坂小说中的人物原型，让武重和曾志崎去跟踪。但那些人不愧是歪门邪道的行家里手，多次都很快发觉这两个人，轻轻松松就把他们甩掉了。

调查人物时，我最感兴趣的是户籍抄本。拍故事片的时候，也得对剧中人的上代情况有所设想。如果这是个有户籍的真实人物，那么光凭探寻此人出生前上几代走过的足迹，就已经能够写出一出戏来了。作为咕哞爷原型的那个人之所以对自己的继女下手，问题会不会出在他幼年时期与母亲的关系上呢？我们对此也进行了细致的调查。

调查得太多，制片公司渐渐变得像侦探公司，五花八门的调查结果和相关者的笔录堆成了堆。但是，在将这些事实写成剧本再让演员去演的过程中，会遗漏掉某些事实，边听边记下来的原始记录绝对比电影更精彩。于是，一个将这种活生生的讲述直接拍成电影的想法变得强烈起来——我从下一部电影《人间蒸发》开始,闯进了纪录片的领域。

《黄贩子的人类学入门》是在大阪的京桥拍摄的。那里虽然现在已被填成一片平地,但当时正好有条污浊的小河,河岸堤坝上建着一长溜房屋。我们借了其中一间原来的书店,把它改装成了一个理发店。理发店的寡妇由坂本澄子扮演。

一天晚上,理发店二楼正在拍小泽扮演的咕咾爷的戏。我们想拉动摄影机进行拍摄,却因为屋子太小受阻,拍摄只好停了下来。解决的办法只有一个,就是在墙上挖开一个洞。当时肯定已经快半夜十二点了,我叫来副导演,让他去找邻居联系。

"对不起,我们是在隔壁拍电影的,请允许我们在您家厨房的墙壁上开个洞。"

邻居穿着睡衣走了出来,突然听到这不合常理的请求,翻着白眼怯生生地反问道:"挖开的洞可以给我再修复成原样吗?"

"当然。我们有美术部的专业人员,修好后会变得比以前更好,漂亮得让你认不出是厨房。"听了副导演这番甜言蜜语,邻居终于答应让我们打洞了。放到现在,这种事大概是无法想象的吧。在那个好时代,普通市民还存在着热爱电影的心,对拍电影的人是怀有敬意的。

严肃审视情色的电影《黄贩子的人类学入门》于1966年公映，上座率还不错。今村制片公司总算顺利地迈出了第一步。影片中的咕咾爷始终小心翼翼地应酬，周旋于周围圈子中，我觉得大概正是这样的个性人物使得小泽的表演天资得到了充分发挥。他在电影旬报和每日映画大奖获得男主角奖后，登门毕恭毕敬地向我鞠躬致谢："谢谢你使我获得了这辈子最大的荣誉！"

《人间蒸发》

2002年春天，我收到一封报告近况的长信，使我与一位女子在时隔二十五年后得以重逢。"多亏您当年勉励我只管过好自己的日子，别在意人家的非议，我这才变得坚强起来。我把今天要与您见面的事和以前的事全都对丈夫说了。"我的眼前仿佛浮现出一张坦然的脸，在为她性情的变化感到吃惊的同时，我的思绪也回到了多年以前。

这个女子三十二岁时以俗称"老鼠"在纪录片《人间蒸发》里担任了角色。那是在1967年，她正在寻找失踪的未婚夫，而我则想用电影把遇到她后与她一起去寻找的过程记录下来。

我在翻阅警视厅八万个离家出走者的名单后挑出这个最普通的案例，失踪者是个到东北去的白领，叫大岛裁，他的未婚妻就是"老鼠"。失踪者的话题当时在报纸、电视上极为热闹。那是个年轻人随着经济大潮从地方农村浩浩荡荡涌进大城市的年代，梦想破灭、不知去向的年轻人也为数不少。突然断绝音讯的人究竟到哪里去了？失去年轻人的农村家庭和地域社会是怎样开始变质的？我对失踪者的兴趣，缘自这些不容忽视的疑问。

老实说，"老鼠"这个自我中心的女子有点儿傲慢无礼，不怎么讨人喜欢。或许也是出于无奈吧，我觉得连警察都不怎么把那些离家出走者当回事，我这一介电影导演又能说什么呢？但从与她商谈参演这部电影开始，她就出言不逊、咄咄逼人："你们大概根本不想真心去找人吧？"我与"老鼠"商谈时心里就在想，如果最终找不到她的未婚夫大岛，那我就拍一部主要探索这个女人内心的电影。为了剥下"老鼠"的假面，我决定不经通告就去探探她的日常生活的究竟。

"老鼠"当时在东京一家医院负责伙食。她为了参加影片摄制决定辞职，医院为她开了欢送会。我瞒着她让摄制人员进入了会场，这就是影片一开头的那个场面。演员露口茂也得进入会场，他要在电影中与"老鼠"一起进行寻访。我还在对面房子的顶上安排了一台摄影机用超长焦镜头拍摄。不出所料，露口刚从后门走进去就在会场里引起了骚动。因为拍电影的事情"老鼠"原来一直是瞒着那些同事的。秘密被戳穿了，她又哭又闹起来。我心想，如此一来，这个女人就该一反常态，露出本来面目了吧。

然而，我很快就发现这个一厢情愿的如意算盘打错了，因为"老鼠"在摄影机前变得越来越像个"演员"。她学会了装模作样地掩饰自己的本性。我想拍的是一个人面对未婚夫失踪时的真情实感，而"老鼠"像个女演员似的矫揉造作，使我心里烦躁起来。过了不久，我还看出来她喜欢上了与自己一起四处寻访的露口，却对未婚夫大岛的去向变得无所谓起来。

我们追踪到大岛出差的福岛市后，他的线索忽然在一家酒吧附近断了，怎么找也不知他的去向，寻访已经无法进行下去。放弃寻找大岛，使得我执意想要剥去"老鼠"的所有假面。我想把电影带进某种情感领域。既然"老鼠"以为自己成了女演员，那我也有相应的办法对付她。不拍片子的日子里，我也让人暗藏着摄影机跟踪她，在接送员工的公司汽车里装上隐蔽的话筒，还把"老鼠"在新宿的咖啡馆密会露口时哭着表白"我爱你"的情景偷拍了下来。

然后，我们拽出了被她骂作"不干不净"的姐姐。"老鼠"的姐姐是一家中小企业老板的司机兼情妇，我们姑且给她取名叫"兔子"。她的性格与妹妹正相反，虽然很散漫，处事却不温不火，很有包容力。从她们周围人述说的情况中，我逐渐明白了大岛跟这对姐妹原来处于一种三角恋爱关系，这也是他失踪的原因之一。

电影完成之前我没让"老鼠"看过这些影像，结果到了试映的那天，女主角派头十足的"老鼠"看到自己原先不知道的画面时，吃惊得从日活的试映室冲了出去。"我受骗了！""他们侵犯我的隐私！""老鼠"向杂志投诉之后，我受到了媒体的强烈指责。我承认，事先没有让她看偷拍的部分确实不对，但说得极端一点儿，深究人性真髓的工作是不可能不侵犯隐私的。深入探究的一方也不可能不受损伤。当跟在后面强行挖掘他人阴暗的过去时，无论是露田还是其他员工在精神上都疲惫极了。

我同意就隐私问题进行充分辩论，并进行了理论准备，只等记者打上门来。然而，也由于日活对媒体多多少少施加了影响，这场骚动没过多久就偃旗息鼓了。

我在四谷的旅馆房间里与"老鼠"再次会面，是在又过了些日子以后。她的性格我本来了解得很透彻，所以做好了遭一顿痛骂的准备。出乎我意料的是,她只爽快地说了一句:"一切应该都结束了吧。"糟了!我一听这话后悔至极,心想现在这个场面才应该偷拍下来呀!女人这种生物无法估量的深邃,再一次使我感到了战栗。

"老鼠"后来当了编织培训班的老师,两个女儿已经出嫁。去年年底收到她寄来的"丧中恕不拜年"明信片,说她丈夫过世了。我为她丈夫祈祷了冥福。

虚构与写实

拍摄《人间蒸发》期间,有个以前听来的古怪故事一直萦绕在我脑海里,怎么也挥之不去。

记得还是在拍《猪与军舰》的1960年,有个自称大公司推销员的人找到我家来,说自己是电影迷,正在写剧本。他还讲了各种深奥的电影理论。我饶有兴趣地听着这位稀客侃侃而谈。虽然他谈的什么几乎忘光了,但有一件事还记得,说的是一个离家出走的少年死了。

有一天,一个少年离家出走,去向不明。为了寻找这个弟弟,他姐姐接连到他的工作地点等地方一一寻找,终于碰到有人提供消息说，在奥多摩青梅的深山里好像死了个少年，那会不会就是她弟弟啊？由于死者已经被村民土葬，于是他们在警察见证下挖开坟墓一看，只见尸体已经严重腐烂，最终没能弄清是谁。

这个故事就像断了尾巴的蜻蜓，仔细一问，那个推销员并不是自己经历过这件事，而是从电视或什么地方批发来的。尽管如此，我听了还是大为激动。通常人们总是认为，一部电影如果不弄明白"他是谁"就无法称其为电影，然而电影是不是也可以有个"最终不知道是谁"的结尾呢？

我觉得，如果是纪录片，或许是可以这样结尾的。然而，让电影以"不知道"结尾实际上还是很困难。拍《人间蒸发》时我最头疼的，就是如何结束。

电影接近最后阶段时，有一个"老鼠"与"兔子"面对面交锋的情节露了馅：她们见面的房间其实是在日活制片厂里搭的布景。我苦思冥想了好几天才琢磨出这个主意，本来是想以这个场面结束电影的。这部电影虽说是纪录片，但还是没能摆脱编造。人们相信是真实的东西，实际上没准是一种假象。我觉得这么煞有介事地对观众抹杀虚构与写实的区别，或许能为电影制造出戏剧性的高潮，能从中引出某种结论性的东西来。

然而实际操作起来,事情的发展并不如想象的那么顺利。于是,我们又拖沓地加了一个场面,把声称见过"老鼠""兔子"、大岛的鱼贩子等人集中到街上进行实地勘验,好歹让电影结束了。

我一直诚心诚意地想要找到大岛,希望当面直截了当地问他"真相到底是怎么回事"。为了找到他,我们在拍摄中甚至诉诸前所未闻的手段,毅然进行公开搜查。这次行动在电视和周刊杂志上成了热门话题,但收集来的信息却净是些似是而非的东西。

其中有个少年说他在福冈博多的小酒吧里见过头戴黄色头盔的大岛。当时正好在日活刚拍完"老鼠"和"兔子"这对姐妹面对面交锋的场景,接到从今村制片公司打来的这个提供信息的电话,我立刻让全体人员就地待命,叫人把那个少年领到制片厂来。哪里知道他刚走进摄影棚,刚才还在针锋相对、唇枪舌剑的姐妹俩立刻结成同盟,怒火冲天地一起指责起他来。

特别是平时温温吞吞、态度暧昧的"兔子",她一反常态,表情严肃地断然斥责少年:"这孩子在撒谎!"或许是女人那种对男人知之甚深的直觉使然吧,姐妹俩愤怒地不停诘问,直问得那个少年无言以对,在摄影机前一句话也说不出来了。

我反省了这场即兴安排的对质的失败,不过,这则声称遇见过大岛的信息看来显然是谎言。

拍完这部作品后,各种事情都干得虎头蛇尾,一无所获的挫折感深深打击了我。不单是《人间蒸发》,接下来拍的好几部纪录片,我自己真正满意的一部也没有。我一直觉得纪录片应该有更高的完成度,然而不知道如何解决这个问题。

《诸神的欲望》

1968年9月13日,在冲绳南大东岛拍完《诸神的欲望》最后一个镜头后,摄影队乘上了西南航空的包机。有人望着窗外热泪盈眶,我静静地闭着眼睛。浮现在脑海里的,是过去漫长日子里的种种艰辛。

说来,这部电影早在去年9月就在石垣岛川平村开拍了,但是由于台风带来了创纪录的长时间降雨,待在那里的一个月中,只有几天开动了摄影机。我感到让三国连太郎等大批演员无所事事地待在这里几个月很说不过去,所以不得不暂时中止计划,延期拍摄。

其间,当地报纸还发动了反对拍摄这部电影的宣传攻势,指责剧本中有近亲通奸、岛民进乎裸奔等过度渲染冲绳岛不开化的侮辱性情节。而我们今后不仅要向居民借房子住,还要借服装和生活用品,临时演员也必须仰仗当地人协助解决。因此,为了消除误会,我们去了好几次报社。

"延期"在电影界一般表示封存的意思,但我并不想就此收手。这部作品的原型是我和长谷部庆次一起为俳优小剧场写的舞台剧《帕拉吉——诸神与众猪》,当时还是由我执导的。从那时算起,这个拍摄计划已经酝酿了六年之久。

故事的主要舞台是虚构的远离文明的南方小岛"海蜇岛",以血缘和信仰维系的古村落共同体一直在那里发挥着职能。然而开发大潮波及那里,小岛不由分说地被开放,故事中的悲喜剧便随之发生了。我是希望通过这出悲喜剧来揭示日本社会的根源。它是从柳田民俗学的视角探索日本的集大成作品,也是我探讨日本人信奉的神的大胆尝试。

在戏剧《帕拉吉——诸神与众猪》中,我设定了两个展开情节的舞台:一个是海蜇岛,还有一个是海蜇岛人工作的东京平民区小工厂。我想以此展示经济高速发展中出现的双重结构现象。但经过反思,我觉得这种安排过于复杂,于是决定在电影剧本中把东京的场面全部删掉,让北村和夫扮演的东京工程师来表达大城市人的各种观点、看法。

下一年(1968年)，正当我使尽浑身解数筹措资金的时候，重要配角——海蜇岛长老的扮演者早川雪洲因为脑梗塞病倒在床。这一来，上一年拍好的为数不多的镜头中有早川出场的部分就没法使用了。我起用岚宽寿郎顶替他，从七月起在石垣岛重新开始摄制。这个时候，应该拍的镜头还有将近八成没有拍。

没想到三国连太郎的脚感染病原菌肿了起来，接踵而来的台风也使得拍摄屡屡中断，摄制日程一再推延，不知不觉中，与演员签订的合同也开始陆续到期。几个年轻演员嚷嚷着要回东京的时候，我大喝一声："我今村昌平，你们到底是喜欢还是讨厌？"当时站出来为我打圆场的，还是殿山泰司他们几个经常参演我电影的老搭档。

说到帮助我的人，就得提到西南航空的那个飞行员了。电影的最后一个场面是一艘张着红帆的小船在洋面上漂向远方。这个镜头我本来就想从空中进行拍摄，可是资金已经见底，没钱再去租包机了。于是我心生一计，在从石垣岛飞往那霸的班机上打起了主意。

班机刚开始水平飞行，我就拉着摄影师枥泽正夫和副导演藤田传进入驾驶舱。班机的航线事先就已查明，那艘小船早就漂浮在宫古岛附近海面等着了。我作为电影导演，为了完成作品无论如何也必须从空中拍摄这个镜头。我对飞行员好话说尽,恳求他降低飞行高度。尽管是冷不丁听到了一个有悖常理的请求,好心的飞行员还是答应了我。

过了一会儿,眼下的洋面上出现了一个红点。"在那儿!"飞行员喊道。然而,由于枥泽慌忙中忘了带超长焦镜头,那艘船只能拍成一个小小的红点。我硬着头皮再次请求"再飞一次""再低一点儿",客机来了个一百八十度转弯,再次进入超低空飞行。

"现在高度是六百米左右。"飞行员告诉我。通常民航机是在三千米高空飞行的,也就是说,这架飞机反复做了两次二千四百米的急降和急升。记得这期间机组人员没有对客舱进行任何广播。我们由于注意力高度集中并没感到什么不适,可是拍完后走出驾驶舱一看,只见许多旅客都对着纸袋在呕吐。

虽然为了这个镜头如此大动干戈,但这段软片最终没有用在电影中。因为在用枥泽准备的长焦镜头拍出来的画面中,帆船还是太小,无法使用。一直到十一月进入收尾阶段的混录后,我们才赶到伊豆半岛突出部的石廊崎,从寒风凛冽的灯塔上重拍了这个镜头。

南国之绿

三国连太郎扮演的根吉不停挖洞的情节贯穿了《诸神的欲望》。为什么要挖洞？因为他违反了岛上戒律触怒神灵，必须埋掉海浪打上岸来的巨大岩石。这是地域社会对他的惩罚，完全是一项既不合理也无意义的劳动。这个情节相当重要，为了把这种愚昧表达得淋漓尽致，影片中的岩石必须非常巨大。

我们用飞机从东京日活的制片厂把发泡塑料和木头运到石垣岛上，在烈日下耗时一个多月搭建了巨大岩石和洞穴的布景。"岩石"高约十米，是美工在当地人的帮助下先搭起木框架，再用铁丝、灰浆和泡沫塑料做成的。由于第一年开拍不久就延期了，所以我们把布景留在岛上回了东京。第二年回到那里一看，原来种在"岩石"周围的草木长得郁郁葱葱，令人感到这一年时间并没有完全浪费。

戏剧《帕拉吉——诸神与众猪》是以根吉被压在岩石底下结束的，但到了要把它拍成电影的时候，我从一开始就在脑子里构思一个不同的结尾。我想到了南大东岛上的轨道车。记得上小学时在书上看到过，这个岛因为地势平缓，所以环岛铺了一圈铁轨，好用轨道车来运送收割的甘蔗。那时候，我的心中就总是想象着它的样子,盼望哪天能亲眼看看真的轨道车。

然而,毕竟过了好几十年,我不免有些不放心。可是到外景点一看,轨道还完整地保留在那里。跟着我来的剧组人员本来对我的记忆将信将疑,这时好像也吃了一惊。于是,一个新的结尾——岛上女子的幻影迎面飞奔而来,观光小火车吐着烟紧随其后——就这样诞生了。蒸汽机车的烟是用旧轮胎烧出来的。

这场戏,"果吉",也就是长谷川和彦作为副导演参与了拍摄,他后来导演过《青春之蹉跎》和《盗日者》。"果吉"是通过今村制片公司只举办过一次的副导演考试进入公司的,个头高大酒量也不小,可是身体虚弱没有力气。这次拍摄时沙滩上阳光反射强烈,温度高达五十摄氏度,他得了日照病倒了下来。当时我感到他这样是没法独立导演电影的。"果吉"在我的制片公司待了不到三年,然后就转到日活去了。

《诸神的欲望》也是我拍的第一部彩色电影。当时我感到需要有新尝试,所以就请了枥泽正夫来担任摄影。枥泽一直在拍企业宣传用的纪录片,拍彩色影片很在行。这个电影的故事舞台在南方。在红、绿、蓝三原色中,我特别想用植物的绿色作为基本色,关键在于能不能把绿色拍得好看,如果绿得过于浓艳的话可就麻烦了。

然而,摄制期间一看到显影出来的样片,栃泽就脱口而出:"绿得太不到位,我不喜欢!"当时是在石垣岛独此一家的电影院里,紧接着他冲着我问:"是不是因为你自己做得不到位啊?"这句话让我心里很难受。灯光配置和软片冲印的差异都多少会改变颜色,要想让拍出的片子绿得到位是非常困难的。我当时也追问栃泽:"那你说有多不到位呀?"记得最后还是栃泽领着冲印厂的那些人想尽办法,才终于得到了令人满意的颜色。

《诸神的欲望》拍成了一部两小时五十五分的超长电影,在电影院放映时,中间还得休息。我拍的电影总是很长,《日本昆虫记》片长两小时零三分,《赤色杀机》片长两小时三十分,这让影片公司一直很不高兴。虽然近来超过三小时的娱乐大片已经屡见不鲜,但在当时一般都是不超过两个小时的,因为片子长的话,电影院一天的放映场数就得减少,会直接影响到观众总数。

到了最后的剪辑阶段,就得跟发行公司讨价还价了:"你得再剪掉××分钟!""不行,不能剪!"这时候他们经常搬出来的理由就是"你得考虑考虑农村公共汽车的情况呀",因为有的地区,即使是有电影院的大镇子,一天也才几班公共汽车。他们这话的意思是说那些住在交通不便的地方的观众很可怜，看完电影如果很晚就回不了家。听了这种说辞，我总是寸步不让，固执己见："回不去就别回去了嘛。"

话虽这么说，但有时也不得不答应他们的要求。有一部电影现在想起来我还觉得心疼，那就是1998年公映的《肝脏大夫》。它上映时的片长已经压缩到了两小时零九分，但最初完成的版本有三小时之长，看过这个版本的人都说比上映的压缩版好看得多。但发行公司的意见是这么长的电影肯定不行，所以才按他们的要求改得支离破碎。在原来的版本中，最后那场鲸鱼出场的戏要长很多，唐十郎演的酒肉和尚的戏也比上映时要多出不少。

假如允许我把以前作品中剪掉的软片重新剪接一次，这部电影就是我第一个想做的。

电视纪录片

《诸神的欲望》虽然获得了电影旬报第一名、每日映画大奖日本电影大奖、艺术选奖文部大臣奖等奖项，但它耗时两年多的拍摄使得今村制片公司背上了两千多万的债务，此后近十年也因为资金困难而无法拍摄故事片。

1970年前后也是电影行业急剧衰退的时期，我的老东家日活穷得不得不改弦更张，转向发展色情故事片。别人也拿来几个剧本问我愿不愿拍，我一一通读之后却怎么也提不起劲来，只好接连打电话给制片人谢绝："我觉得还是算了吧。"难怪那阵子一遇到电影同行，就常会被他们调侃："你还活得好好的嘛！"

我不拍故事片，开始拍些供电视台播放的纪录片。我不想拍故事片还有一个原因，就是我这个电影导演同时还是制片公司的老板。演员的日程调整、演出费的谈判这类工作都压在我的肩上。拍摄《诸神的欲望》时摄制日程完全乱了套，被这些只顾自己的人搞得焦头烂额，这使得我对这些人厌恶至极，甚至不想看到他们。

拍《人间蒸发》尝到挫折的苦涩味后，再拍一部纪录片的欲望一直不断在我心中蠢蠢欲动。就在这个时候，虽说也有点硬充好汉，但我还是激励自己向一个新的领域挑战。我要暂且远离制造"虚假"，努力收集人们生活中的片段，把握"真实"。

《诸神的欲望》之后我最先拍的是《日本战后史·褴褛酒吧女的遭遇》，1970年由东宝影片公司发行公映。片中主角是一个在横须贺经营酒吧的老板娘,这个酒吧主要面向美国驻军。她讲述自己的半生经历,其间插播象征日本战后史的新闻电影。这其实是一种独角戏。之所以会拍这部电影,是因为制作新闻电影的日本电影新社的人告诉我,他们公司有战后二十五年来拍摄的大量影片,问我愿不愿意用这些素材搞个什么作品。

我先去看了他们保管的影片,发现时间越近,拍的新闻越没有意思。我感觉光是使用这些素材是无法连缀成一部电影的,于是想到该安排一个贯穿始终的人物出场,由这个人来讲述自己走过的路。我把视线投向横须贺,是因为在拍《猪与军舰》时用作舞台的沟板巷给我留下了深刻的印象。

一开始,我考虑可以在电影中描绘那些战争中从冲绳下南洋去打工的人,他们战后无家可归,只能流落到横须贺一带生活。然而跟这些人的交涉很不顺利,他们或者要求不能让自己的脸出现在画面中,或者担心说了实话会被警察逮捕。这个计划最终没能实现。

在跟那些人接触的同时,我也在沟板巷周边找了几个主要接待外国人的酒吧的老板娘交谈,其中就有褴褛酒吧的老板娘。这个一口关西方言的女子很有个性,因为女儿自己也开了一家店,所以她在这一带算得上小有名气。那天她店中竖着的电视大屏幕上正播放着新闻，我有一搭没一搭地对她开始了采访。

当时她这个生意做得相当成功，已经在横须贺的高档住宅区买了一幢大房子。她跟一个不知是第几个男朋友的美国兵结了婚，马上就要带着几个不同父亲的女儿一起移居美国。然而，开始交谈后，我立刻注意到，她以前一直平白无故地遭受着歧视。

她的性格很开朗，没发过一句牢骚，但她说只要一听到村田英雄唱的《王将》就会流眼泪。"明日便要去东京，无论何事须取胜。"她如今要舍弃故乡，进而舍弃日本远走他乡，这股行动力的背后有着阴暗沉重的记忆。

其实因为她已经启程去了美国，电影也就到此结束了。我问过她介不介意结婚对象年龄比她小得多，她一听就爽快地笑道："反正过两三年取得了公民权，我就把他这种水兵一脚踢开，再在那边开家酒吧。"

追寻被国家遗弃的人们

看样子还有原日军士兵一直留在东南亚当年打仗的地方

没有回来。虽然大家都隐隐约约注意到了这种事情,然而时逢这个陶醉于经济快速发展、竭力想要埋葬过去的盛世,是没有人认真回顾历史的。就是在这样一个时期,我拍摄了搜寻原日军士兵的纪录片《追寻未归还的士兵》。

东京12频道(现在的东京电视台)播映第一部《马来篇》和第二部《泰国篇》是1971年。在横井庄一[1]从关岛"很惭愧"地回来的前一年,我和剧组人员到厚生省去查军队的花名册。那里的人不屑一顾地敷衍我们:"现在已经没有未归士兵了。"他们还说未归士兵的纪录也没有留下来。接待我们的工作人员脸上显得颇为困惑,好像在责怪我们怎么把已经了结的事情又翻了出来。

我和摄制组人员靠的是来自东南亚日企员工和当地居民的传闻。当地到处都听得到这方面的传闻,可是那时当地还没有现在这么多好翻译,对方的回答竟然有一半听不懂。就是在这种条件下,我们在新加坡、马来西亚、泰国、缅甸的森林、山区中苦苦搜寻。

有一次,在泰国山区偶然遇到一个二百来人的村落,看上去像是与缅甸政府作战的游击队残部的隐蔽地。跟他们用

---

[1] 横井庄一(1915—1997):原日军陆军伍长,二战中在关岛撤进深山密林,直至1972年才被两个关岛猎人发现,同年返回日本。

不流畅的英语谈着谈着,他们忽然提议:"我们这就要去袭击邮局,一起去怎么样?"我们当然婉言拒绝了。

《泰国篇》中出场了三个原日军士兵,我跟他们一起喝着没有冰过的啤酒彻夜长谈过。这三人原来一个是茨城的贫苦农民,一个是大阪的铁皮工匠,一个是长崎的人力车夫。当年他们先在缅甸战场打了败仗当了俘虏,又从泰国清迈的收容所逃了出来,后来伪装成中国人混入泰国社会。茨城人和大阪人当了医生,长崎人变成了缅甸边境附近的佃农。他们说母语的能力都已经显著退化。

我这个没有经历过战争的人对未归士兵感兴趣,首先是因为我想了解他们如何看待当今正在齐声称颂"表面的繁荣"和"蹒跚的民主主义"的日本社会,其次是因为战争的真实状况正在被人们遗忘,我希望通过跟他们的交谈来深刻体会战争的真实状况。我那同父异母的哥哥当年刚一出征就因为船被潜艇击沉而死去,我觉得现在这样做也是对他的一种偿还宿债式的追忆。

这个国家寄张一分五厘钱的明信片就把人召来打仗,战败了又不去把人接回来。那些未归士兵是如何看待这个国家的?对这个问题,三个未归士兵的回答各不相同。一脸善相的大阪人回答说"把我们赶去打那场荒唐战争的日本真可恨";

茨城人只说了句"日本很好，我喜欢"，之后就扭过头去一言不发了；在老家曾经入过黑道的长崎人豪迈地表示："日本要是再打仗，我还去！"

那个长崎人的个性吸引了我，两年后我把他请回日本，拍了一部《回到无法松的故乡》。"无法松"当然就是指那个长崎人。我找到他的哥哥妹妹让他们见面，还带他去了靖国神社和皇宫。在皇宫正好遇到一个大巴载来的旅游团，当导游刚开口介绍"这是花四亿日元建成的新宫殿"时，他突然激动起来，破口大骂道："天皇是不是为了成为富翁才发动战争的呀？"

这个长崎人一直保持着大日本帝国军人的自豪感，相信总有一天日本会再次发动战争，所以始终拒绝那些泰国人给他提的亲事。然而现在对他来说，眼前的皇宫和对面林立的高楼大厦已经不是能够唤起他乡愁的景色。当知道祖国没有自己的立身之地后，长崎人感到"还是泰国好"，又愤怒又失望地回泰国去了。

说起原日军士兵，我后来还收到过一个叫奥崎谦三的人写来的长信。他是新几内亚战场的幸存者，后来因为用扒金窟[1]的钢弹子袭击昭和天皇而被关进了拘留所。卷成一团的信上通篇是对凄惨绝境的描写和对天皇的满腹怨恨,以至我妻子担心收到这样的信件会不会使右翼势力把我们也当作攻击目标。

然而我却对此人很感兴趣,于是立即带上摄影师枥泽正夫等人赶到东京拘留所。无线话筒和隐形摄影机原本是藏在衣服和包里的,但摄影机在入口处搜身的时候被查扣了。好在话筒没有被查出来,使我录下了奥崎的声音。

我脑子里一直有把奥崎的经历拍成电影的想法,但由于自己的拍摄计划忙了起来,结果以策划的身份帮原一男导演将他的故事电影化,于1986年完成了纪录片杰作《前进,神军!》。

在《马来篇》《泰国篇》之后,我虽然以1975年上映的《续·追寻未归还的士兵》结束了未归士兵系列,但我自己把这个系列的影片加上《回到无法松的故乡》和同一年摄制的《南洋姐[2]》统称为"弃民"系列。"弃民"是我在采访未归士兵时一直萦绕在脑海中的一个词。不是他们抛弃了日

---

[1] 扒金窟:用弹球盘进行赌博的游戏机店。
[2] 南洋姐:十九世纪末至二十世纪初,日本有大批女性被拐卖出国卖淫,形成历史罕见的卖淫人口流动。因南洋群岛为其最庞大的聚集地,故该类女性被称为"南洋姐"。

本不回来，而是因为被抛弃了而无法回来。

被国家抛弃的人现在也是有的。如果我还有体力的话，会拍一部纪录片记录那些虽然是被朝鲜扣押却也被祖国置之不理的人，作为"弃民"系列的最新作品。

拍《南洋姐》时采访的 K 女士也使我难以忘怀。她当时七十三岁，以女管家的身份寄居在马来西亚的一个资本家宅中。她出身于广岛的贫苦农家，大正初期小小年纪就被人贩子骗到了新加坡。

"一个晚上要接几个客人？""有过高兴的事吗？"面对我直言不讳的提问，她总是沉稳地回答，没有一丝不悦的神情。"没办法，所以只好死心了。"她说这话时的表情中看不到一点儿哀伤的阴影。我本来期待这个被国家抛弃的人说出充满怨恨的话来，但她的回答令我大失所望。

回国后，我将为她与那户人家一起拍的合影给她寄去，收到了她写的感谢信：

"全家人和我都非常高兴地看了您寄来的照片，他们托我好好谢谢您。……我担心您来访时问的那些事情自己没回答清楚，不知我说的话对您是不是有用？"

我被她的善良、宽容所深深感动。我问自己，真的探索到了这些人的真实人生了吗？与他们共同分担创伤与痛苦了吗？我的软片拍出了真实的片段，但我把握住"真实"了吗？

电影结束了，然而那些拍摄对象的人生是不会结束的。

走 向

创 造 的 旷 野

日本第一所电影学校

在无法拍故事片的时期,我在培养后来人上倾注了精力。1975年4月,我创立了日本第一所电影学校"横滨广播电影专业学院"[1]并担任院长。当时虽然没有资金,但横滨车站前的大楼里有个废弃的保龄球馆,业主听说我是办学校,就将场地免费借给了我,实在令人感佩。

我这个教育门外汉决心办学校,是因为眼看着制片厂在每况愈下。松竹大船制片厂的菱田义雄导演可以算是我的师兄,有一天连他也被通知回家待命,实际上就是被解雇了。制片厂那种缺点不少的师徒制度我本来未必赞同,然而一旦

---

[1] 横滨广播电影专业学院:现称日本映画大学,日本第一所也是迄今唯一一所只设有"电影"科目的私立大学,现任校长为评论家佐藤忠男。

没有了培养人才的地方，电影事业也就完了。愤愤不平之余，我感到了一种强烈的危机感。

教师主要是请电影、戏剧界的朋友来担任。浦山桐郎、小泽沼一、北村和夫这些老朋友和作家水上勉、电影评论家淀川长治等二十多位人士都给了我很大的支持。回顾一下创立之初的教师阵容，除了他们之外，还汇聚了编剧长谷部庆次、剧作家宫本研、广播作家永六辅、摄影师高村仓太郎、姬田真佐久等精英。

开始起步的时候，有电影制作艺术、电视制作艺术、戏剧艺术、剧本文艺等四个学科，此外还有特邀嘉宾讲座和公共基础课。入学无须笔试，只要通过面试即可，因为我觉得考试竞争毫无意义，即使在落榜生中也一定有杰出的人才。写在招生简章中的那些文字清楚地表明了我当时的想法，现在不妨摘录几段：

"你们为了什么而学习？又为了什么参加大学考试？有人说是为了出人头地，还有人说是为了当个高级工薪族。"

"如果是站在如今充斥整个日本的学历万能观角度考虑，那你们的说法当然都不错。"

"然而我确信，你们中有一群有其他志向的人，一群不愿沿着已经铺就的轨道向前行驶的人，一群虽然尚未确定方向却想重新铺下自己轨道的人。我想给这群人以最大的支持，因为这是一群即将向着创造的旷野前行的勇敢年轻人。"

"有勇气走向旷野的年轻人啊，来吧！"

想入学的人真的蜂拥而至。虽然这是个无法取得任何资格的两年制培训学校，但第一年就有四百五十人入学。这些人下定了学习电影和戏剧的决心，无论经济上怎么贫困，无论老师们在注册前怎么提醒他们会遇到多大的困难，他们都态度坚决地回答："我已经做好了准备。"

他们中有跟不同意的家长闹翻后逃出来入学的，还有入学后被家长停止提供学费的，以至老师们都在分头帮他们寻找当"新闻奖学生"[1]之类包住的临时工作。有的老师听说雇主只给他们吃炸丸子，还把他们带到自己家里，请他们吃炸猪排。这种亲如家人式的照顾，已经超越了一般的师生关系。我们学校有个特别规定，就是新生要进行田间实习，到农村去插秧。这样到了秋天，接待过实习生的农家会送来大米，这也成了学生们宝贵的粮食。

然而，在照顾别人的同时，我自己却背上了难以想象的债务。我想把学校改组成专科学校，要得到批准就必须拥有

---

[1] 新闻奖学生：指利用报社奖学金制度的学生。这些学生学习期间早晚为报社送报纸，报社则为他们负担全额或部分学费，大多还供食宿。

自己的土地，于是我通过熟人找到了一块土地。我按照要求开了支票付定金，却没想到碰上了恶劣的诈骗。土地没到手，我这个校长却因此背负了上亿债务。

这次受骗使我从1976年起有三年简直都不想活了。我的头发一下子变白，以至站在讲台上都会有学生说"老师怎么变老了"。债权人会议把我叫去了两三次，我历来不喜欢对人点头哈腰，然而此时此刻站在导演角度想想自己这副模样，我竟然脱口而出："要是把我的狼狈相拍成纪录片，倒是很有意思。"一闻此言，满座债权人全都惊得目瞪口呆。

我在代代木上原的房子也一度被查封。听妻子说，那天忽然来了两个人说要查封财产，我家里的物品全都被贴上红色封条，连个盘子都没漏掉。但不知为什么，唯独有个孩子的玩具钢琴逃过了他们的眼睛。又过了不到几小时，另外五六个人一拥而入，开始拍卖我家的物品，亏得我妻子当场付了二十几万日元，屋子里的东西才没被搬走。

我用学校的收入一点一点还债，又于1986年在川崎市小田急线新百合丘车站前建立了现在的"日本电影学校"。当时小田急电铁的利光达三董事长听我说不嫌弃偏远一点的地方，就把那块地无偿让我使用。靠着《楢山节考》的全部收入与从各电影公司、电视台得到的赞助，校舍才建了起来。

我的电影学校走出了导演本广克行、细野辰兴、清水浩、艺人"阿内阿南"、演员隆大介，以及几千个活跃在影视界的毕业生。

我的生活方式就是最好的教育

创立学校时，有件事是我无论如何都非常想做的，那就是新生的农业实习。因为创作就如同种植农作物，尽管都是值得去做的、有意义的工作，但结果却往往不上算。我想让新生先亲身体验一下这个现实。从1975年起的十几年里，一到五月，我就会亲自率领二百多个学生到福岛县磐梯山麓去，在那儿分散住在农民家里，帮助他们插秧。

选择磐梯山麓，是因为那里耕作条件很差，坡地上滚落着明治时期火山喷发带来的大石头，难以使用农机，农活全靠人工。我还叮嘱农民："学生们会豁出命来干的，请尽量把艰苦的农活交给我们。"

学生中虽然有许多出身于农民家庭，却也有不少人一次也没下过农田，连草都没有拔过。他们发牢骚说，自己好容易来到向往已久的大城市，为什么又要到农村干活？他们一会儿有人被没用惯的农具伤了手脚,一会儿又有人偷偷在禁烟宿舍里抽烟而差点酿成火灾,使得我们这些带队老师不得安生。

学生中也有在体力劳动中吃不了苦而逃走的家伙,我就曾经整整一夜沿着铁路去把学生找回来。然而这些本来弱不禁风的学生在那儿待了十天之后,全都被晒得黢黑,变得结实了。他们与农民有了感情,还有人说出了"舍不得离开你们回东京"的话来。望着学生们的变化,我心里充满了喜悦。现在,我们学校的表演专业还继承着农业实习这个传统。

听上去好像一直在管着外人的孩子,其实我自己也有两男一女。我当然不会培养他们去参加应试竞争,但对他们的作文要求很严。我们家有去蓼科高原别墅度暑假的习惯,那期间我一定会让他们写篇作文,再一一为他们批改。和妻子先去那里的孩子们本来玩得很高兴,一听说我要去就知道又得写作文了,因此好像很讨厌我。可是我没有别的东西可以教他们,再说作文能力实际上反映的是人的观察能力,我觉得提高作文能力对他们今后选择人生道路还是有用的。

或许是我这个父亲经常说"要了解日本就得从冲绳开始"吧,长子大介受了影响,把已经考取的在东京的私立大学扔到一边,去了冲绳的琉球大学。毕业后,他进入新潮社当编辑,有一天以天愿大介的名字去跳新导演的龙门——报名应征匹亚电影节，获得了审查员特别奖。

大介以前从未吐露过半点自己想当电影导演的意愿，所以他得的这个奖把我们全家吓了一跳。我的几个孩子在填表时都不愿在"父亲职业"栏里写上"电影导演"，大概是因为那样填在学校里会被人欺负吧。他们一直都是填"职员"。

大介后来拍了纪录片《无敌的残障者》和故事片《合气道》，我1996年拍《鳗鱼》和后来拍《肝脏大夫》《赤桥下的暖流》时，他还帮我写了剧本。

我三个孩子当中的那个女儿从法国的烹饪学校"蓝绶带"毕业后进了日本的出版社。由于从事教育的人在法国的地位要比在日本高得多，所以当时别人知道她的父亲是电影学校校长后，都用尊敬的眼光看着她。她以前一直讨厌我这个父亲，不知意外地因为我而受到尊敬时，她会作何感想。

我最小的儿子叫广介，他上高二时的一次出走曾把家里闹得鸡犬不宁。那时已是暑假，我正在跟电影学校的老师们讨论一年级学生写的蹩脚剧本，妻子忽然打电话来说广介失踪了。妻子看到他在留言条上写着："我离家出走没有什么特别目的，不会干傻事的，请别找我。"

我以为他是为高中毕业后的去向在烦恼，可是我记得自己一次也没逼过他去考大学啊。我百思不得其解，头疼不已，只好照着他的要求没有去找。一个星期后，他从鹿儿岛的与论岛寄信来报平安。也许是拜托在琉球大学念书的哥哥大介帮忙去了南方。

我希望孩子们去做他们自己喜欢做的事，因为我自己就从不做不愿做的事，把所有都倾注在了喜欢的拍电影上。我没对他们指出过什么高远的教育目标，因为我一直觉得自己的生活方式本身就是对他们最好的教育，至今仍觉得这个想法是正确的。不过，此刻再反思一下的话，这种想法是不是有点儿过于自以为是了？

回家后的小儿子念了一段时间大学以后又退学了。1986年我去马来西亚拍《人贩子》时，他第一次跟着我去了摄影现场，拍摄完成后又直接到上海去学中文。后来正要定下来在香港工作的时候，我又自作主张把他叫了回来，因为那时拍《黑雨》人手不够。后来他辗转换了几个工作，虽然都跟电影有关系，但他本人似乎更喜欢搞内装修工作。

从这个小儿子进小学那年开始的十年时间，按我的电影作品来说，也就是在拍《复仇在我》之前的整整十年里，我妻子昭子在改建家里的一楼后，就一直在做为动画片上色的工作，以此支撑日常开销。她把附近的家庭主妇集中起来，经常干到天黑以后很晚。经她上彩色的动画片有《明日之丈》《海螺小姐》《虎面人》，还有手塚治虫的《克利奥帕特拉》。

这个工作场地后来变成投币式自动洗衣店，又一次成了我们家的财源。如果没有妻子的收入，别说养育孩子，一家人就是糊口也会很难。

久别十一年的故事片

债权人会议对我穷追猛打，等着结算的票据和债权人又整日紧跟着我，1976年后有三年多时间我连纪录片也没法拍。

我竟然被折腾得体重减了十公斤。一天，我正踉踉跄跄地在校园里走着，有个学生对我说："老师，您再拍一部电影吧，我们可以去打工为您凑钱。"我问："能凑多少钱啊？"学生回答："一个人凑五万日元，三十个人就能凑一百五十万日元了！"尽管这点钱是拍不了电影的，但他的话还是令我很感动。后来我投入了拍摄《复仇在我》。这部故事片距我上次拍《诸神的欲望》已经过了十一年。

《复仇在我》的原作为佐木隆三的写实作品，写的是1963年西口彰连续五次杀人案件。电影剧本按原作将主人公名字改为榎津，由绪形拳[1]扮演。按照惯例，为了了解剧中主人公犯人的真实情况，我走访了杀人现场和他的出生地。然而调查得越多，我越是感到一头雾水。犯人虽然有与金钱、女人相关的犯罪动机，但我并未感到情况严重得将他逼到了非杀人不可的地步。

他是个比我大一岁的美男子，能用英语会话，很讨女人喜欢。这使我甚至对他产生了一丝亲近与尊敬，以致后来采访警察时，我竟然会不知不觉地使用敬称，脱口而出"当时的西田先生……"，结果挨了刑警的训斥。然而，即使是将之看作不合逻辑的现代犯罪的先例，电影却不能"不明不白"地收场。我们至少得把"不明不白"的事情拍成一部"明明白白"的电影，剧本的编写伤透了我们的脑筋。

扮演犯人的绪形拳也为如何把握角色而苦恼，但他有时会尝试一些具体动作来捕捉剧中人物的感觉。譬如，有一场戏是主人公第一次杀了人逃跑后，歇了一会儿才发现手上的血。如果此时去找自来水把血迹洗掉，就显得过于俗套，与情境不合。于是我要求他去小便，用尿液来冲掉手上的血迹。他忠实地执行我的指示，使劲甩动着那个玩意把手冲洗了一

---

[1] 绪形拳（1937—2008）：演员，因《楢山节考》而连获每日映画大奖男主角奖、蓝绶带男主角奖、日本奥斯卡最佳男主角奖。

遍。那动作让人感到他演得很得要领。这种时候，导演会在心里赞叹：演得太好了！人们一般认为，惯于欺诈的智能罪犯很少会抢劫杀人，这个主人公正是个按常理难以理解的特例。看着绪形拳在剧中对人物形象的精心塑造，我也感到很高兴。

挑选演员当然是导演一项重要的工作，即使是一个小角色也必须仔细斟酌后再决定。如果角色是个老于世故的难缠老太婆，最好挑个同样老谋深算的女演员来扮演。从这个意义上来说，清川虹子[1]在《复仇在我》中堪称是最合适的演员。她扮演的浅野久乃是榎津的受害者，但我们在对现实生活中的原型进行调查后发现，她以前也杀过人。

或许，浅野久乃作为同样心怀叵测之人，在某个瞬间看破了榎津心里的犯罪冲动。影片中她恐吓榎津的那个情节，就是产生于这种设想，也只有清川虹子才演得出这种气势。现实生活中的清川虹子虽然没说自己会杀人，可是却深谙如何可以把人吓得脸色苍白。曾经有一天，她特地拿了本揭露一名与我有绯闻的女演员隐私的书到摄制现场来，笑嘻嘻地对我说："她托我向你问好。"

---

[1] 清川虹子（1912—2002）：喜剧演员，出演过《二十四只眼睛》《蒲田进行曲》《水户黄门》等影视剧。

我经常对演员说:"你们尽管旁若无人地尽情表演,摄影机从哪个角度拍是次要的事。"因为也许是拍电视剧拍出来的坏毛病吧,那个时候喜欢对着摄影机表演的演员渐渐多了起来。这样一来,他们的演技就会受到限制。

在这方面,倍赏美津子[1]始终让人感到她是个到位的电影演员,从不强作出某种表情。演员尽力融入角色之中的表演方法无疑是正确的,我们要求惯于连续表演整段时间的舞台演员也能具备这种能力。而另一类演员则能自然而然地融入到角色中去,电影演员就应该这样,因为他们必须将各分镜头中的表演连贯为一体。倍赏正是这类的典型。

倍赏美津子在《复仇在我》中饰演西口的妻子。丈夫离家期间,她与三国连太郎饰演的公公关系暧昧起来,具体表现是两个人一起泡澡。情节设定的场景是深夜的露天浴池。我们在外景地别府温泉找了好几处,但每个温泉浴池都维护得很好,难以拍出深山的荒凉感来。

我们又把搜寻范围扩大到全国,找到神奈川县厚木市附近的温泉街,总算发现了一处有这种荒凉感的儿童专用浴池。起初,我们把水放进浴池再用几台电热器加热,但时值严冬

---

[1] 倍赏美津子(1946—):演员,演过《影武者》《楢山节考》《龙马传》等作品。

时节，加热毫无效果。还是制作部想出个主意，从厚木市借了带真空泵的清洁车，把车子彻底洗干净后，再从市里的澡堂和鹤卷温泉把热水运来，这样好歹能进行拍摄了。

这时候的倍赏美津子呢，却在温泉旅馆饶有兴趣地玩着打鼹鼠游戏。我不由得有点担心，这可是个重要情节，她这样不要紧吗？可是倍赏美津子早已对剧本烂熟于心，到了正式拍摄的时候，她拿捏得恰如其分，演得非常成功。

全部拍完之后，我这个导演正沉湎于孤独与感伤之中，只听有人爽朗地说道："今平，觉得冷清了吧？"抬眼一看，是善解人意的倍赏美津子提着一瓶白兰地走进屋子里来了。

由于演员们发挥出色，《复仇在我》被电影旬报、每日映画大奖、蓝绶带、日本电影学院奖评选为最佳作品。我曾因为拍摄《诸神的欲望》而一时对那些整日矫揉造作的演员厌恶至极，而拍摄这部电影又使我骤然感到演员也还是有希望的。我再次投身到了故事片中去。

拍电影是六分剧本，三分演员，一分导演

电影拍得好坏，六分靠剧本，三分靠演员，一分靠导演。

因此，写剧本要花好几年，反复修改，苦不堪言。《挺好的嘛》剧本第一稿是1957年写的，五年后决定把它拍成电影时，又重新修改，从头到尾都改动了。

我想以江户幕府末期隅田川东西岸的两国为舞台，通过聚集在杂耍场里的民众与统治者的对立，来描绘那一时代的动荡。主人公叫源次，泉谷茂饰演。他乘在一艘遇难的破船上漂泊到美国后，刚回到日本。桃井馨饰演的阿稻是源次的妻子，她在源次外出时被卖到深川，在马戏团靠卖色出了名。

我本想写阿稻在乌烟瘴气的环境中堕落成了一个放荡的淫妇，归来重逢的源次反遭其羞辱，然而笔下的阿稻总是无法令我满意。她究竟是变成浑身污秽的女人，或仅仅是不再像女学生那么天真？职业娼妇大概不是在性方面毫无节制，说什么不痛苦恐怕也是违心之言吧？

我好几次都感到了厌烦，又强打起精神来反复问自己："这真是她们的违心之言吗？"我只是凭借鲜少的个人体验和书本，窝在本乡旅馆的一间屋子里苦思冥想。到了夜里想得累了，我就朝菊坂下的小酒馆走去。那家不起眼的小酒馆是个五十多岁的女店主开的，里边的常客都不年轻了，看上去全像是不走运的人。

一天晚上，醉醺醺的女店主拿出一份旧报纸来，那上面有几年前她丈夫被一个神经错乱的东大学生刺死的报道。"世上什么事儿都有啊。"有个人嘟哝了一声,常客们听罢全都深深点了点头。我这个新客人被笼罩在酒馆压抑的气氛中,忽然意识到,记录这些事正是我的工作呀。

拍摄的主要舞台是曾经的大游乐区——隅田川东西岸的两国,还有连接这东西两岸的两国桥。我起初打算搭建一个巨型布景来再现隅田川周边的过去,但问题是把布景搭建在哪条河上。如果那条河与真的隅田川一样宽,那工程实在过于浩大,可是太窄了也不行。我希望河宽最好在一百五十米到二百米之间,前提条件是河两岸没有高楼、公寓之类建筑物。

我们找遍了利根川、荒川、江户川、中川、相模川、信浓川和渡良濑川,都没有找到合适的地方。我们在制片公司办公室里摊开东京地图,又仔仔细细地看了一遍。这次发现,在葛饰区的水元公园和埼玉县三乡市的三乡公园之间,有一处地方正合适——那里有个叫"小合溜"的湖,弯弯曲曲的,三公里长,一百来米宽。

去找当地政府获准借用河滩地后,我们再现了当年两国桥周边的景致。光是搭建那座桥就花了几千万日元,本来说起过摄制完成后要将那些布景作为"江户町"保留下来,但最后还是拆掉了。电影里有个情节,是杂技团的象在过桥,许多人跟在后边追着看。剧本上写的是要一大一小两头象，可是小象没能借到，来了两头成年大象。象是聪明的动物，它们害怕得不愿过桥，也许是看穿了我们的吆喝只是虚张声势，所以接近桥中间后又走了回来。

等到连哄带吆喝硬是让它们重新过桥时，这两头象加快速度并排跑了起来，仿佛要尽快过河去似的。这下子，走在他们前面的演员吓得撒腿就跑，后边的群众却高兴地追了上去。只见一头象砰地把桥踩出个洞，猛地停了下来。象想必被吓得不轻，我们当时也是害怕得不得了。

电影的高潮是欢歌狂舞的民众与幕府的洋枪队在桥上对峙，然后阿稻和其他卖笑女冲着洋枪队撅起屁股撒尿。起初，剧本中并没有这个情节，是我忽然想到加上去的。拍摄时当然不是真要她们撒尿，而是预先在碗状的橡胶袋中装满水，到时候把水挤出去。然而，到了拍摄的前一天，桃井馨、倍赏美津子她们几个女演员联合起来抗议我"违反约定"。

我把她们召集起来，解释说这是一个重要情节，表现的是女性针对公权力的特殊斗争方式，所以希望她们务必配合。听了我的解释，只有田中裕子一个人表示听从我的意见。虽然听说她后来被别的女演员骂作"叛徒"，但正是多亏了田中裕子的理解，这个情节顺利地完成了。

《挺好的嘛》的剧本我自己感觉写得不错，但拍成的电影还是留有遗憾，让人感觉远远不够乱。写剧本时预设的是最好条件，并未考虑到天气和演员的制约，但现实是不讲情面的。如今想起来，伏案绞尽脑汁写剧本时期是最愉快的，回忆这部作品会同时勾起我许多艰难痛苦的记忆。

自然法则"遗弃老妪"

《复仇在我》和《挺好的嘛》是今村制片公司和松竹影片公司共同制作的。接下来的《楢山节考》《人贩子》《黑雨》这三部电影，我开始跟东映共同制作或由它们发行。我对当时他们的总经理冈田茂谈到自己的计划时说："我死之前有三部电影无论如何一定要拍。"他一听立刻表示接受："那就让我们来做吧。"

第一部电影，东映本来交给了我一个拍摄计划，但我拒绝了那个计划，同时提出拍摄《楢山节考》（后来在1983年上映）来代替原来的计划。深泽七郎写的姨舍山传说，已经由木下惠介导演在1958年拍成了电影（田中绢代、高桥贞二主演）。年轻时我看了这部电影觉得很有趣，但觉得木下导演归根结底是想强调这完全是虚构的故事。他认为遗弃父母的事是无论如何也不允许真的去做的。他在电影开头、结尾加进歌舞伎的梆子声，大概就是为了刻意强调这个故事的虚构性。

与此相反，我打算从彻底的现实主义出发来重拍这部电影。从坊间热议的养老院的实际情况来判断，孩子遗弃年迈父母的事情不是传说，而是早已存在的现实。是自然法则赋予了近世贫困的农村这种遗弃老人的现实主义。现实就是：人类与野山上的杂草、动物同样，都是自然的一部分，他们为了生存，必须遵从严酷的规则。

贯穿春夏秋冬的生物活动，从写剧本阶段起就占据了相当大的比重。副导演们来回奔波，为的是拍下蛇、乌鸦、兔子等动物的表演。可以说，《楢山节考》的摄影，是在与自然战斗。

在电影开头的严冬场景里，有只老鼠去吃冬眠中的蛇。之所以需要这个作为弱者的老鼠袭击强者的蛇的镜头，是要表现农村里已疾苦至极，到了得遗弃父母的地步。我们好像是先把蛇放进冰箱里使它冬眠，然后在蛇身上涂抹牛油，再把饿了好几天的老鼠放出来，让它去咬蛇的。后来到了长野县深山里的外景地一问，当地人告诉我们："老鼠吃冬眠的蛇在我们这里没什么稀奇的。"听他们这么一说,我这个写剧本的才对自己的想象力有了一点儿自信。

蝮蛇产子的镜头,是我们先从专营店里找来大肚子的蝮蛇,再派专人二十四小时轮班盯守才拍下来的。奔跑在雪原上的野兔被鹰爪一把抓住掠上长空的镜头怎么也拍不好,使我们焦急不安。首先是雪原上很难看到野兔,设圈套抓住的野兔也会很快死去,而家兔的模样又与野兔相去甚远。还好我们一个副导演找到了民间学者和九州研究所饲养的野兔,才好歹解决了野兔的问题。

然而,这次又是我们带来的鹰飞不起来了,因为它跟野鹰不同,长得太胖。别说让它一把抓住野兔再冲上高空,它就连三百米都难以一口气飞下来。我们对这只鹰死了心,只能等日后请来一位号称日本第一鹰匠的人物后,才重新拍摄了这个镜头。

对于我剧本最后写着的指示"山涧里如同龙卷风一般飞出来一大群乌鸦",剧组人员早就摇头说难以办到了。我要求得有一千只乌鸦,有时即使我们碰巧发现了大群乌鸦憩息的场所,可人和摄影机一靠近,乌鸦早已一哄而散,逃得不知去向了。因此,我得出结论:乌鸦只能先大量捕获,再一起放飞。

副导演们请教学者与农民，制作了大量圈套，在长野县、东京都的新宿御苑、明治神宫等地展开了捕捉小乌鸦的战斗。捕来的乌鸦在拍摄前得饲养将近半年，寻找搭建乌鸦棚的地方也不容易。如果在农村一个地方饲养上百只乌鸦，当地农民就会担心自己的庄稼受到祸害而要求我们把乌鸦撤走。

在我们搬来搬去寻找饲养场所的途中也有虚弱的乌鸦死去，结果到了拍摄那一天，收集来的乌鸦连三百只也不到了。

我们等着阴天出现好一决胜负。"预备……放！"随着一声令下，三百只乌鸦一齐冲天而去。然后是一片寂静，所有人都注视着我的脸。"OK！"我开口的瞬间，大伙都松了一口气。然而，谁都心知肚明，这个镜头拍得不能得满分。

亨利·柯比导演的眼泪——戛纳电影节

《楢山节考》在戛纳国际电影节获得金棕榈最佳影片奖的消息，是在1983年5月19日傍晚从当地传来的。

由于几天前就有消息说这部电影可能获得什么奖，所以那天我妻子开在代代木上原车站前的咖啡店里聚集了许多剧组成员。我当时在打麻将腾不出手来，打来的国际电话是剧组成员去接的。"说是得奖了!"一听这话,我"哎——?"了一声,高兴是当然高兴,但也没有特别激动。

日本导演获得戛纳电影节大奖的,继衣笠贞之助[1]和黑泽明这两位导演之后,我是第三人。然而,当时我并不了解戛纳国际电影节有多大分量,而且那年大岛渚导演的《战场上的快乐圣诞》也是参赛作品,之前获得了相当高的评价。媒体一直追着前去戛纳的导演和主演坂本龙一,报道也主要是围绕着《战场上的快乐圣诞》。我则嫌去法国麻烦,所以让主演坂本澄子和制片人去了。

然而,这个奖颇有威力,《楢山节考》红了起来。电视放映权卖出了一亿三千万日元,这笔钱我原封不动地捐给了电影学校,使它又能正常运营了。

NHK也来请我去担任红白歌会的评审委员,我婉言谢绝了这一邀请,年底去府中监狱担任了囚犯歌咏比赛的评审。这是一直热心帮助囚犯的女演员木暮实千代和一个老相识的保护司[2]请我去的。这位老相识谈的高墙里面的情况很有意思,我总是听得入神。

1997年,我以《鳗鱼》第二次获得金棕榈奖。这部电影

---
[1] 衣笠贞之助(1896—1982):演员、导演、编剧,以1953年公映的《地狱门》获金棕榈奖。
[2] 保护司:受法务大臣委任,为帮助罪犯自新和预防犯罪而从事保护观察工作的民间人士。

中我用了从他那里听来的真实故事,就是电影中的这个情节:役所广司饰演的主人公是个假释出狱的人,身边跟着保护司。由于在监狱里养成的习惯,他无法与人并排走路,不知不觉就走到了保护司的身后,而且前进时总是用力甩动胳膊。

《鳗鱼》的主人公虽然也是个杀人犯,但他与《复仇在我》中的主人公性质不同。对我来说,这是一部风格柔和的电影。它描写了一个喜欢钓鱼的普通人,因杀妻而入狱,后来又回到正常生活中。我想表现一个自然地跨越这种落差生活下去的主人公,于是便起用了役所广司。役所广司是个什么角色都能适应的稀有演员,当时我把他叫作"小职员专业户",因为能够极自然地扮演一个普普通通的小职员也是一项才能。与他演对手戏的清水美砂[1]从身材苗条与否这一点来说,也与以往在我的电影中出演的诸多女演员不同。她的优点在于能够演普普通通的人,而且看上去显得很温柔,这使她获得了意想不到的优势。

电影中有个场面,是主人公乱刀刺死正在颠鸾倒凤的妻子与她的情人后,到当地警察署自首。他一边散步似的走下坡道,一边哼着石原裕次郎的《夜雾啊,今晚也谢谢你》。

---

[1] 清水美砂(1970—):演员,出演过《人间椅子》《不落的太阳》《水户黄门》等影视作品。

这是我自己想到的。平时我几乎不听什么歌，可是在写这段情节时，不知怎么却想起了石原裕次郎的歌来。我让副导演把石原裕次郎的歌录下来给我，边听他的歌边推敲剧本。那盘磁带被我反复听得都快磨断了。

为了摄影，我们用了几条买来的鳗鱼。我对最后那一条渐渐有了感情，不舍得放它走，后来就养在我们制片公司的水缸里。又过了一阵子，我觉得它挺可怜的，于是自己把它放进水桶，拿到摄影现场附近的河边放掉了。

提交《鳗鱼》这部影片时，我们夫妇俩已到戛纳去了。其实我不怎么想去，因为自己觉得这还算不上一部能够获奖的电影。在电影将近结束的时候，有许多宴会的镜头，那些是从吊车上拍摄的。然而拍摄完后一看样片，役所广司的戏不到位，于是我坚决要求重拍，但被制片人断然拒绝，他说那得再花一千万日元。虽然心有不甘，但被他说得也只好作罢。这使得我去戛纳的时候心中没底，很是郁闷。

那一年，为了纪念戛纳电影节五十周年，开了一个邀请历届获奖者参加的盛大酒会，马丁·斯科塞斯、弗朗西斯·科波拉、安杰伊·瓦伊达等世界一流导演荟萃一堂。科波拉尤其让人感到威风凛凛，他用英语侃侃而谈，不过我只听得懂一半。进餐的时候，他还跟法国总统希拉克谈起了黑手党电影，使席间气氛活跃起来。他有一种压倒一切的气势。

科波拉拍的《现代启示录》确实是一部很有意思的电影。他说在拍摄这部电影时自己始终坚持重拍不满意的场面。看来当导演的都喜欢重拍。我呢，在拍摄《鳗鱼》时一次也没能重拍。想到这里，置身于这豪华隆重的席间，我不禁感到自己可悲可叹，无地自容。

酒会席间，一位与谁也不交流的老导演独处一隅，引起了我的注意。他身上引人注目的时髦黄色套装显然是硬穿上应景的，鼻子长得有点儿像小津导演。通过翻译请来一问，才知道他就是拍摄《长别离》的意大利导演亨利·柯比。据说他拍电影是剪辑出身，1961年这部荣获金棕榈奖的电影虽然使他闻名遐迩，但之后他再未有过二次辉煌，一直都在干自己的老本行——剪辑。《长别离》是部深深打动我的电影，讲的是巴黎近郊的咖啡馆里来了个流浪汉，阿莉达·瓦莉饰演的咖啡馆女店主见到他后心中波澜起伏，因为他跟自己的丈夫长得一模一样，而丈夫在战争中被纳粹抓走后就再也没有回来。这个流浪汉到底是自己丈夫，还是毫不相干的人？电影直到结束也未对这个问题给出答案。当最终流浪汉离开咖啡馆时，女店主下定决心，朝着他的背影喊了一声丈夫的名字。流浪汉闻声惊恐地停住脚步，随之顺从地高高举起了双手……我对着老导演模仿了一下这个令我印象深刻的动作，只见老导演眼中立刻溢出了大滴的泪水。

身旁的翻译也流下了同情的眼泪。我感到这次来戛纳真是太好了！想象着老导演贫困凄凉的晚年生活，我顿时觉得自己那点经济上的拮据要比他强多了。我再次在心中起誓（尽管这誓言绝不能让家人知道）：哪怕再辛苦，负债再多，也要毫不妥协地拍出自己能够接受的电影来。

在戛纳的日子里，由于采访请求一个接一个，我无法离开旅馆，也没能享受这个旅游胜地宜人的美景。然而，我还是很满意，因为与柯比导演的幸会已使我不虚此行。没等到颁奖典礼举行我就早早回国了。

第二年，当《肝脏大夫》受到戛纳电影节特别邀请时，由于不是评奖对象，我终于能轻松地参加了。这部影片根据坂口安吾的原作改编，讲述的是对父亲———一个小镇医生———的回忆。这是一部我三十多年以前就一直想拍的电影。电影节公映时当然有法语字幕，但我起初对字幕是否能准确传达微妙的语感并不抱有信心。然而开映后，电影中的每一个笑点都引起一片笑声，终场时更是掌声雷动，所有观众都起身笑容满面地看着我。除了小时候，我成人后从来没哭过，然而只有这一次，我没能控制住自己的泪腺。

井伏鳟二的酒

1985年10月20日,我的师弟浦山桐朗导演猝死,年仅五十四岁。听说他很少回家,却在那天晚上回到家里,还读书给孩子听,一直读到他睡着。

那天深夜,我接到从相模原他家打来的电话,才得知了浦山的死讯。这件事发生得过于突然,以至于我坐在今村制片公司职员开的车上赶去时,始终处于茫然恍惚的状态。

他的葬礼由我担任治丧委员会主任一手操办。浦山像我们这些导演一样也负有债务,所以我不想在葬礼上多花钱。我拜托参加葬礼的熟人,请他们在浦山的葬礼上不用供奉花,而是将相应费用加在奠仪中一起送给丧家。碰巧,经办葬礼的业主也是个电影迷,对浦山导演并不陌生。起初他推荐的是五层高的豪华祭坛,听我嫌贵拒绝后,爽快地布置了一个相对我们给的价钱来说要豪华得多的祭坛。

正是浦山的死,使我决心要把井伏鳟二[1]先生原作的《黑雨》拍出来,因为我知道浦山一直想拍这部电影。他告诉过我说自己曾想将《黑雨》拍成一部动画片,但井伏鳟二先生

---

[1] 井伏鳟二(1898—1993):日本小说家,著有《山椒鱼》《黑雨》等作品。

不同意。《黑雨》也是我本人很久以来一直酝酿要拍的电影之一。

举行葬礼时，编剧石堂淑朗也来参加了，浦山直至离世前都一直在与他一起策划新电影。石堂是广岛县出身。"浦山一死，你就失业了吧？跟我一起拍《黑雨》怎么样？"在我的邀请下，石堂跟我一起写了《黑雨》的电影剧本。

为了从井伏鳟二先生那里获得将《黑雨》拍成电影的许可，我费了很大的劲。拜访这位年近九十的老前辈，时间是出版社的责任编辑决定的。好几次都是约好了时间，可要去拜访的当天，又以"不舒服"为由被拒绝了。总算到了见他的那一天，我心里着实紧张得很，因为他是我从少年时代起就崇敬的作家，我对他痴迷至极。上大学时，一个朋友把井伏鳟二的小说数落得一钱不值，还把他的名字恶搞为"井伏鳕二"。我一怒之下，与这个朋友断了交。

去见他之前，那个编辑告诉我：会谈结束后，如果井伏先生给你上的是红茶，那就是不同意；如果上的是酒，那就表明他同意了。

井伏先生宽敞的书房里放着被炉和一张大书桌，书桌上满是印刷校样——他正在校阅自己的全集。因为我的师傅川岛雄三曾根据井伏鳟二的原作拍过电影《有房出租》，所以我一开始介绍自己是川岛导演的徒弟。然而看来这个开场白并不称他的心，井伏先生的反应毫无热情可言，这使我捏了一把冷汗。

听完我的说明，井伏先生打开屋子里的一瓶烧酒喝了起来，嘴里还喃喃自语着："好酒啊！"我高兴地心想：是成功了吧？可是他只顾在那里自斟自酌，根本不想劝我这个客人也来一杯。这时已经到了该告辞的时间，我说完"敬候您的答复"之后便回去了。结果，始终也没有收到他的答复，我判断他大概是同意了。

影片1988年夏天在冈山县开拍，才拍了计划的一半，资金就见了底，在当地寻求赞助的努力也全部失败。我无精打采地给家里打电话说："看来只好把房子卖啦。"妻子闻言对我鼓劲道："你再坚持一天看看？"

最后唯一能求助的，只剩下冈山县的生化企业林原了。我请朝日新闻编委川岛正英和友人河村清信出面找冈山县知事，自己再通过县知事的介绍去拜访林原健董事长。我对林原健董事长诉说了自己的窘境，请求他赞助两亿日元。林原董事长不仅爽快地答应，还问我："两亿日元够了吗？"一听此言，我心中顿时充满了感激，深深地向他鞠了一躬。

之所以把电影拍成黑白的，是因为吸收了井伏先生的意见。井伏先生虽然没有直接要求拍成黑白色，但从他的话语中不时感觉到，他对用逼真的色彩再现遭受原子弹爆炸后的悲惨场面是抵触的。其实，起初我们原打算拍一组原作中没有的、被炸现场如今景观的彩色镜头，放在电影结尾。我们还设定在黑雨中倒下的女主角矢须子仍然活着，此时正在四国八十八名刹朝圣。

然而，彩色部分全部拍完后一看，发现它跟黑白部分怎么也接不上。当初写剧本的时候，我们是打算用黑白和彩色来区分回忆和现代。然而，剧情的现代性与有无色彩不仅没有关系，而且如果硬将彩色画面接上去，我感到就会像把竹子接在树上一样，反而有使全剧变得虚假的危险。对我做出的删除决定，摄影师川又昂和其他摄制人员全都惊得目瞪口呆。虽然他们激烈反对，但我还是坚持删掉了。

这些未公映过的彩色部分，在发售的DVD《黑雨》中，被作为特典单独收录。看了这段长达二十分钟的影片大概就能清楚，我们在其中倾注了何等多的金钱、时间和劳力，它绝不是不伦不类的苟且之作。决定将这部分全部删除的，正是最清楚这一切的我。当初做出这个决定时，我真的是非常痛苦。

在删除的彩色部分里有一句重要的台词，就是原作中那句"与正义的战争相比,还是不正义的和平好一点儿"。我觉得这句话关系到电影的主题,怎么也得用上。在彩色版中,有个拍摄原子弹爆炸圆顶[1]的镜头,里面有个卖假货的女贩子正在兜售仅仅用火烧过的瓦片,声称那是"经受原子弹爆炸后的瓦片"。那句重要的台词,我是让矢须子的叔叔重松在那场戏里说的。

彩色部分全部删除后,我仍然想把这句话留下来,于是加了一场戏进行重拍:朝鲜战争爆发时,收音机的新闻广播中传出美国总统杜鲁门扬言可能会使用原子弹的声明。重松听后,愤怒地说了上面那句话。

完成版的结尾最终还是遵照了原作。矢须子被搬上救护车后,响起了重松的独白:"如果现在对面的山上出现彩虹,就会发生奇迹。如果不是不祥的白虹,而是五彩缤纷的彩虹,矢须子的病就能治好。"接下来镜头中映出了中国[2]山脉。令人没想到的是,好几个看了试映的观众都说自己"看见彩虹了"。

电影在昭和天皇死去、年号改为平成的那一年[3]五月公

---

[1] 原子弹爆炸圆顶:位于广岛市中心的原广岛县产业奖励馆的残骸,日本对其永久保留以传后世。
[2] 中国:指日本位于本州西部由鸟取、岛根、冈山、广岛和山口五县组成的"中国地区"。
[3] 即1989年。

映了。我给井伏先生寄去了录像带,又带着主要演员田中好子、北村和夫他们前去问候。这一回,井伏先生终于招待我们喝酒了。

永远描写好色、贪婪

我一直主张,二十一世纪是女性的世纪。从拍摄《日本昆虫记》和《赤色杀机》的二十世纪中叶开始,我就一直在刻画女性的坚强,这一点在最近的作品中也没有改变。

女子一直承受着充满陈规陋习的家庭、社会的摧残,然而一旦她们陡然一变释放出自己的坚强而取得自立,有时甚至能改变男人。《鳗鱼》中帮助原杀人犯正常生活的桂子、《肝脏大夫》中满不在乎地向男子提供身体的苑子、《赤桥下的暖流》中分泌出生命之水的佐惠子都是如此。

2001年,《赤桥下的暖流》在戛纳电影节上映后,法国的《解放报》称赞我为"好色老头"。我心想,我就是想要永远在对好色、贪婪的描写中追寻人类的滑稽、伟大、纯真与丑陋啊。

这部电影的原作是由共同通信社记者转为作家的边见庸

所著。读了这本书使我产生兴趣的，是实际生活中是否真有女子能像佐惠子那样分泌出超常量的水。即使到了即将把它拍成电影的阶段，我还是不厌其烦地向边见庸核实这件事，问得他都怕了。

电影试映一结束，一个记者模样的人到试映会场门厅里我和妻子的跟前说：

"其实我妻子就是那样的女人。我可真幸福啊。"撂下这句话，他又一阵风似的消失了。

听了这话，我和昭子愣得互相对视了一下，然后才又都开心地感到，这个人看完这部电影好像非常高兴。

《赤桥下的暖流》之后我没有拍长篇电影，但拍了一部短片，就是《九一一事件簿·日本篇》。这是2001年9月11日美国同时发生多起恐怖袭击后，法国作家阿莱·布瑞金发起拍摄的。他计划从世界上选出十一位导演，让每人拍出一段片长十一分九秒的超短篇电影。他从日本挑选了我，此外参加的还有法国的克劳德·勒鲁什、英国的肯·洛奇、美国的肖恩·潘、伊朗的萨米拉·马克马巴夫等人。

一说起九一一事件，浮现在我脑海里的不是受到客机撞击后毁坏的大楼，而是事发后不久到现场视察的布什总统和消防员。布什对着站在一起的消防员异常恳切似的搭话，还拍了拍他们的肩。这个场景我越看越觉得恶心，心想这真是拙劣的作秀。那些消防员看起来虽然讨厌他这番蹩脚的表演，但应酬姑且还算保持不失礼。

我也曾经见过同样的场景，见过那些呼吁"爱国"、煽动爱国心的有权者。然而，他们都是在做戏。我想拍一部电影，告诉人们"圣战"是一种何等靠不住的东西。这个灵感是从井伏鳟二《除厄特集》中的一篇文章里获得的。那其实是篇井伏鳟二按自己的理解将杜甫的诗《复愁》翻译而成的文章。我在诗句最后写上了一行字："根本没有什么圣战！"然后将诗交给长子天愿大介，让他去写剧本。

天愿根据这篇文章，写了一个关于已经完全变成蛇的前日本兵的故事。剧中主人公由于在中国战场有过悲惨的经历，变得对人类厌恶至极，因此不再做人。主演是田口智朗，看样子他实际观察过许多蛇，研究过蛇的表情和动作。在电影最后他不使用手脚而在山中逃窜，还跳进水里游泳，吃尽了苦头。我觉得他对导演的苛刻要求完成得相当好。

这部电影的时间一开始就规定是按秒计算的，又是部相当短的电影。我只能一边拍摄，一边琢磨怎样才能提高内容密度。这部十一集的系列短片《九一一事件簿》在恐怖袭击一年后的2002年9月在日本和世界其他各国通过电视放映，又过了一年便在剧场里公映了。我拍的《日本篇》是唯一讲述与现实事件完全没有接点的故事，被放在了系列片最后一集。这恐怕是因为它与其他片子不同，只好放在最后吧。我在最后强调的"根本没有什么圣战"，制片人似乎也深深理解。

现在我手头有的，是写于十年前却因为资金筹措不到而流产的一个电影剧本，片名叫《新宿樱幻想》。这是"二战"中一个生长于新宿二丁目红灯区妓院里的早熟少年的故事，是根据辻中刚的原作《花街少年》改编的。

在和石堂淑朗一起写剧本的时候，作为"导演说明"，我写了以下这些东西：

> "二战"完全是连战连败。
> 前线自不必说，即便是后方的国民也被煽动起来，
> 受尽欺骗，忍受着生活的贫困和物资短缺，
> 明明吃了败仗却被强迫认为打了胜仗。
> ……总之是被愚弄着苟且偷生，
> 然后像虫子般地死去。
> 从那无数惨死的平民百姓中，
> 本片挑选了装门面的历史书上不大会言及的
> 东京不良场所——新宿红灯区，

和贫民区女子与孩子来进行描写。
本片关注的是被抛弃到历史背后的
花街柳巷女子和在那里生长的早熟少年
为了生存而与命运进行的顽强搏斗。

《新宿樱幻想》中扮演少年主人公的演员是通过面试招来的,然而他只在吉祥寺的井头公园参加拍摄了电影开头描写樱花如飞雪般飘落的那场戏,随后拍摄计划就取消了。可是我并没有死心,只不过对这种隐秘历史的兴趣尚未涌动起来而已。我仍然在一点点修改、润色剧本。从主人公在后方度过了早熟的思春期这一点来说,多多少少也带有我本人自传的影子。但是,主人公作为一个小学生,先是爱上了一个妓女,后来又变成同性恋者。他当时的感情状态,以我贫乏的经历来说是很难入木三分地描写出来的。这一点难度很大。

由于那位千挑万选招来的少年演员已经长大,他参加拍摄的开头那场戏也无法使用。如果想要把这部电影拍出来,还得从头重拍。

从我进入松竹开始算起,已经过了半个多世纪。其间,不仅小津安二郎、川岛雄三这两位师傅,就连许多同辈伙伴也已辞世。从我的早期作品开始就一直与我合作的演员殿山泰司早在1989年就已逝世，另外两个老搭档——演员西村晃和摄影师姬田真佐久也在1997年过世了；到了1999年，又一个人——今村班子中的著名摄影师栃泽正夫也撒手人寰，这对我的打击很大。

在现在的电影摄制现场，演员和工作人员都年轻化了，他们都是些热爱电影的人。看着他们在现场生龙活虎的表现，我不禁感到日本电影还是有希望的。

1986年，横滨广播电影专业学院改制为一所专业学校——"日本电影学校"。尽管少子化浪潮导致升学人数锐减，可是来报考的学生仍然多于招生人数。以前入学只需通过面试，但报考人数的大量增加使得教师们开始无法招架，以致有个时期不得不在面试前增设一门作文考试。

我们学校设有培养影像作家的"影像科"和培养演员的"演员科"。演员科的学生现在每年仍然要去进行创校以来的传统——农业实习。然而，最近专业农户越来越少，寻找能接受我们学生前去实习的人家也变得颇费周折，以至我半真半假地跟负责的教师商量：这样下去，看来迟早得到韩国去找农田了。我于1992年辞去校长职务改任理事长，从1994年起请电影评论家佐藤忠男来担任了校长。

对这所电影学校的未来，我还是满怀梦想的。趁着2003

年春季开始实施新的规定,我想把学校升格为专业研究生院。因为电影学校已经对来自中国、韩国的留学生打开了大门,而他们学成回国之后,要是没有研究生学历是难以施展手脚的。我还必须四处奔走,确保土地的使用,充实各种设备,为的是达到新规定中的研究生院设置基准。

人本来不会将自己的创造行为传授给别人,因为所谓创造归根结底是一种个人行为,哪怕是些许的外来帮助都理当拒绝。我一直以来也是按照这种理念来拍电影的。但另一方面,创造的态度和志向是可以传授给别人的,这种传授正是我们对年轻人应尽的责任。

不需要什么天才,

不要被常识束缚。

拿出勇气来,

执着地探求人性,

朝着无人的旷野疾奔!

这,就是我给年轻人的赠言。

全作品列表

《被偷盗的情欲》

日活，1958年5月20日公映 片长：92分

职能人员：原作：金东光 / 剧本：山内九（铃木敏郎名义）/ 照明：大西美津男 / 录音：桥本文雄 / 美术：中村公彦 / 音乐：黛敏郎 / 剪辑：中村正 / 副导演：浦山桐郎

主要演员：泷泽修、菅井芹、柳泽真一、南田洋子、喜多道枝、长门裕之、西村晃

获奖记录：蓝绶带新人奖

《西银座站前》

日活，1958年7月29日公映 片长：52分

职能人员： 原案、剧本：今村昌平 / 摄影：藤冈条信 / 照明：森年男 / 录音：桥本文雄 / 美术：中村公彦 / 音乐：黛敏郎 / 剪辑：中村正 / 副导演：浦山桐郎

主要演员： 弗兰克·永井、柳泽真一、山冈久乃、西村晃、小泽昭一、初井言荣

《无穷的欲望》

日活，1958年11月18日公映 片长：100分

职能人员： 原作：藤原审尔 / 剧本：山内久（铃木敏郎名义）/ 摄影：姬田真佐久 / 照明：岩木保夫 / 录音：沼仓范夫 / 美术：中村宫彦 / 音乐：黛敏郎 / 剪辑：丹治睦夫 / 副导演：浦山桐郎

主要演员： 长门裕之、渡边美佐子、西村晃、殿山泰司、小泽昭一、加藤武、中原早苗、高品格、芦田伸介

获奖纪录： 电影旬报第三名 / 蓝绶带女配角奖（渡边美佐子）

《二哥哥》

日活,1959年10月28日公映 片长:101分

职能人员:原作:安本末子/剧本:池田一郎、今村昌平/摄影:姬田真佐久/照明:岩木保夫/录音:桥本文雄/美术:中村公彦/音乐:黛敏郎/剪辑:丹治睦夫/副导演:浦山桐郎

主要演员:长门裕之、松尾嘉代、冲村武、前田晓子、北林谷荣、高山千草、西村晃、小泽昭一、殿山泰司、山冈久乃、穗积隆信、大泷秀治、芦田伸介、吉行和子

获奖纪录:艺术节文部大臣奖/NHK十佳最佳新人导演奖/蓝绶带男主角奖(长门裕之)、男配角奖(小泽昭一)、剧本奖(池田一朗、今村昌平)/每日映画大奖女配角奖(吉行和子)

《猪与军舰》

日活,1961年1月21日公映 片长:108分

职能人员:剧本:山内久/摄影:姬田真佐久/照明:岩木保夫/录音:桥本文雄/美术:中村公彦/音乐:黛敏郎/剪辑:丹治睦夫/副导演:浦山桐郎

主要演员： 长门裕之、吉村实子、三岛雅夫、丹波哲郎、大坂志郎、加藤武、西村晃、小泽昭一、南田洋子、菅井芹、殿山泰司、武智丰子、东野英治郎

获奖纪录： 电影旬报第七名 / 蓝绶带最佳作品奖 / 日本电影技术奖（中村公彦）/ 日本电影记者会最佳作品奖

《日本昆虫记》

日活，1963 年 11 月 16 日公映 片长：123 分

职能人员： 剧本：长谷部庆次、今村昌平 / 摄影：姬田真佐久 / 照明：岩木保夫 / 录音：古山恒夫 / 美术：中村公彦 / 音乐：黛敏郎 / 剪辑：丹治睦夫 / 副导演：矶见忠彦

主要演员： 左幸子、岸辉子、佐佐木澄江、北村和夫、小池朝雄、吉村实子、露口茂、长门裕之、春川真澄、小泽昭一、殿山泰司、北林谷荣、河津清三郎

获奖纪录： 电影旬报第一名 / 电影旬报日本电影导演奖、剧本奖、女主角奖（左幸子）/ 柏林国际电影节女演员奖（左幸子）/ 每日映画大奖导演奖、女主角奖、音乐奖 / 蓝绶带最佳作品奖、导演奖、剧本奖、女主角奖 / 日本电影技术奖（岩

木保夫）/NHK电影奖最佳女主角奖

《赤色杀机》

日活，1964年6月28日公映 片长：150分

职能人员： 原作：藤原审尔/剧本：长谷部庆次·今村昌平/摄影：姬田真佐久/照明：岩木保夫/录音：神保小四郎/美术：中村公彦/音乐：黛敏郎/剪辑：丹治睦夫/副导演：远藤三郎

主要演员： 春川真澄、西村晃、赤木兰子、日野利彦、楠侑子、加藤嘉、北村和夫、北林谷荣、露口茂、宫口精二、小泽昭一、殿山泰司

获奖纪录： 电影旬报第四名/电影艺术第一名/每日映画大奖男主角奖（西村昂）、女配角奖（楠侑子）、摄影奖、录音奖/蓝绶带男配角奖（西村晃）/日本电影技术奖（姬田真佐久）/NHK电影奖最佳摄影奖（姬田真佐久）/日本电影记者会最佳日本电影奖、最佳男演员奖

《黄贩子的人类学入门》

今村制片、日活（发行：东宝），1966年3月12日公映 片长：127分

职能人员： 原作：野坂昭如/剧本：昭田幸二、今村昌平/摄影：姬田真佐久/照明：岩木保夫/录音：红谷愃一/美术：高田一郎/音乐：黛敏郎/剪辑：丹治睦夫/副导演：矶见忠彦

主要演员： 小泽昭一、坂本澄子、近藤正臣、佐川启子、园佳也子、都蝶蝶、西村晃、殿山泰司、佐藤蛾次郎、中村雁治郎

获奖纪录： 电影旬报第二名/电影旬报男主角奖（小泽昭一）/每日映画大奖男主角奖（小泽昭一）、女配角奖（坂本澄子）/电影艺术第二名/日本电影技术奖（姬田真佐久）/日本电影记者会最佳男演员奖、摄影奖/白青铜男主角奖、女配角奖（坂本澄子）

《人间蒸发》

今村制片、ATG、日映新社（发行：日活），1967年6月25日公映 片长：129分

职能人员： 摄影：石黑健治 / 录音：红谷恒一 / 音乐：黛敏郎 / 剪辑：丹治睦夫

主要演员： 露口茂、早川佳江

获奖纪录： 电影旬报第二名 / 电影艺术第一名 / 每日映画大奖导演奖 / 电影评论第一名

《诸神的欲望》

今村制片（发行：日活），1968年11月22日公映　片长：174分

职能人员： 剧本：长谷部庆次、今村昌平 / 摄影：栃泽正夫 / 照明：岩木保夫 / 录音：红谷恒一 / 美术：大村武 / 音乐：黛敏郎 / 剪辑：丹治睦夫 / 副导演：藤田传

主要演员： 三国连太郎、河原崎长一郎、北村和夫、冲山秀子、小松方正、扇千景、滨村纯、岚宽寿郎

获奖纪录： 电影旬报第一名 / 电影旬报日本电影导演奖 / 电影艺术第一名 / 电影评论第一名 / 艺术选奖文部大臣奖 / 每日映画大奖日本电影大奖、剧本奖、男配角奖（岚宽寿郎）

《日本战后史·"褴褛"酒吧女的遭遇》

日映新社(发行:东宝),1970年6月3日公映 片长105分

职能人员:制片:马场伸世、小笠原基生/剧本:今村昌平/摄影:栃泽正夫/录音:长谷川良雄

主要演员:赤座惠美子、赤座民

《复仇在我》

松竹、今村制片,1979年4月21日公映 片长:140分 C宽银幕

职能人员:原作:佐木隆三/剧本:马场当/摄影:姬田真佐久/照明:岩木保夫/录音:吉田庄太郎/美术:佐谷晃能/音乐:池边晋一郎/剪辑:浦冈敬一/副导演:新城卓

主要演员:绪形拳、三国连太郎、都蝶蝶、倍赏美津子、小川真由美、殿山泰司、清江虹子、北村和夫、白川和子、河原崎长一郎、弗兰基·堺

获奖纪录:电影旬报第一名/电影旬报日本电影导演奖、剧本奖、女配角奖(小川真由美)、男配角奖(三国连太郎)/每日映画大奖日本电影优秀奖、剧本奖、录音

奖 / 蓝绶带最佳作品奖、导演奖、男配角奖（三国连太郎）、女配角奖（倍赏美津子）/ 年度代表剧本 / 日本电影学院奖最佳作品奖、最佳导演奖、最佳剧本奖、最佳女配角奖（小川真由美）、最佳照明奖、最佳摄影奖

《挺好的嘛》

松竹、今村制片 1981 年 3 月 14 日公映 片长：151 分 C 宽银幕

职能人员：制片：小泽昭一、友田二郎、杉崎重美 / 原作：今村昌平 / 剧本：今村昌平、宫本研 / 摄影：姬田真佐久 / 照明：岩木保夫 / 录音：吉田庄太郎 / 美术：佐谷晃能 / 音乐：池边晋一郎 / 剪辑：浦冈敬一 / 副导演：南部英夫

主要演员：桃井馨、泉谷茂、绪形拳、露口茂、草刈正雄、樋浦勉、田中裕子、火野正平、倍赏美津子、殿山泰司、伴淳三郎、三木则平、河野洋平

获奖纪录：电影旬报第九名 / 每日映画大奖录音奖 / 日本电影学院奖最佳女配角奖（田中裕子）/ 横滨电影节女配角奖（田中裕子）

《楢山节考》

东映、今村制片 1983 年 4 月 29 日公映　片长：130 分　C 宽银幕

职能人员：原作：深泽七郎 / 剧本：今村昌平 / 摄影：栃泽正夫 / 照明：岩木保夫 / 录音：红谷恒一 / 美术：芳野尹孝、稻垣尚夫 / 音乐：池边晋一郎 / 剪辑：冈安肇 / 副导演：武重邦夫

主要演员：绪形拳、坂本澄子、辰巳柳太郎、秋竹城、左敦平、常田富士男、小林稔侍、KC·高峰、小泽昭一、倍赏美津子、殿山泰司

获奖纪录：戛纳国际电影节金棕榈奖 / 电影旬报第五名 / 每日映画大奖日本电影优秀奖、男主角奖（绪形拳）、录音奖 / 蓝绶带男主角奖 / 日本电影技术奖（岩木保夫）/ 年度代表剧本 / 日本电影学院奖最佳作品奖、最佳男主角奖、最佳录音奖 / 电影日特别功劳奖

《人贩子》

东映、今村制片 1987 年 9 月 5 日公映　片长：124 分　C 宽银幕

职能人员： 剧本：今村昌平、冈部耕大 / 摄影：栃泽正夫 / 照明：岩木保夫 / 录音：红谷愃一 / 美术：横尾嘉良 / 音乐：池边晋一郎 / 剪辑：冈安肇 / 副导演：佐藤武光

主要演员： 绪形拳、倍赏美津子、柯俊雄、深水三章、杉本哲太、赵方豪、石井光三、殿山泰司、常田富士男、池波志乃、列奥纳多·熊、三木则平

获奖纪录： 电影旬报第七名 / 年度代表剧本

《黑雨》

今村制片、林原集团1989年5月13日公映　片长：123分　B/W 宽银幕

职能人员： 原作：井伏鳟二 / 剧本：石堂淑朗、今村昌平 / 摄影：川又昂 / 照明：岩木保夫 / 录音：红谷愃一 / 美术：稻垣尚夫 / 音乐：武满彻 / 剪辑：冈安肇 / 副导演：月野木隆

主要演员： 田中好子、北村和夫、市原悦子、原久子、泽玉木、小林昭二、三木则平、小泽昭一、山田昌、石田圭祐、殿山泰司、大泷秀治

获奖纪录： 电影旬报第一名 / 电影旬报日本电影导演奖、女主角奖（田中好子）/ 每日映画大奖日本电影大奖、女主角奖、

美术奖 / 蓝绶带女主角奖 / 日本电影技术奖（川又昂、岩木保夫、稻垣尚夫）/ 年度代表剧本 / 日本电影学院奖最佳作品奖、最佳导演奖、最佳剧本奖、最佳女主角奖、最佳女配角奖（市原悦子）、最佳音乐奖、最佳照明奖、最佳剪辑奖 / 戛纳国际电影节高等技术委员会奖 / 全基督教会审查委员会奖

《鳗鱼》

KSS、卫星剧场、集团公司 1997 年 5 月 24 日公映 片长：117 分 C 宽银幕

职能人员：原作：吉村昭《在黑暗中闪光》/ 剧本：富川原文、天愿大介、今村昌平 / 摄影：小松原茂 / 照明：岩木保夫 / 录音：红谷愃一 / 美术：稻垣尚夫 / 音乐：池边晋一郎 / 剪辑：冈安肇 / 副导演：井上文雄

主要演员：役所广司、清水美砂、常田富士男、倍赏美津子、佐藤允、哀川翔、田口智朗、小泽昭一、市原悦子、柄本明

获奖纪录：戛纳国际电影节金棕榈奖 / 电影旬报第一名 / 电影旬报日本电影男主角奖（役所广司）、女配角奖（倍赏美津子）/ 每日映画大奖日本电影优秀奖、导演奖、男配角奖（田口智朗）、女配角奖（倍赏美津子）/ 日本电影学院奖最

佳导演奖、最佳男主角奖（役所广司）、最佳女配角奖（倍赏美津子）

《肝脏大夫》

东映、角川书店、东北新社、今村制片 1998 年 10 月 17 日公映 片长：129 分 C 宽银幕

职能人员：原作：坂口安吾 / 剧本：天愿大介、今村昌平 / 摄影：小松原茂 / 照明：山川英明 / 录音：红谷愃一 / 美术：稻垣尚夫 / 音乐：山下洋辅 / 剪辑：冈安肇 / 副导演：桑原昌英

主要演员：柄本明、麻生久美子、雅克·甘布林、世良正则、唐十郎、松坂庆子、田口智朗、伊武雅刀、金山一彦、小泽昭一

获奖纪录：戛纳国际电影节特邀作品 / 电影旬报第四名 / 每日映画大奖日本电影优秀奖、音乐奖（山下洋辅）/ 日本电影学院奖最佳男主角奖（柄本明）、最佳女配奖（麻生久美子）

《赤桥下的暖流》

日活、VAP、卫星剧场、今村制片，2001年11月3日公映 片长：119分 C 宽银幕

职能人员：原作：边见庸/剧本：富川原文、天愿大介、今村昌平/摄影：小松原茂/照明：山川英明/录音：红谷愃一/美术：稻垣尚夫/音乐：池边晋一郎/剪辑：冈安肇/副导演：谷口正行

主要演员：役所广司、清水美砂、倍赏美津子、北村有起哉、中村嘉津雄、不破万作、田口智朗、北村和夫、小岛圣、米基·卡齐斯

获奖纪录：电影旬报第十名

《九一一事件簿·日本篇》

Garate，2002年 片长：11分9秒 C 宽银幕

职能人员：剧本：天愿大介/摄影：刚雅一/照明：清野俊博/录音：红谷愃一/美术：稻垣尚夫/音乐：岩代太郎/剪辑：冈安肇/副导演：井上文雄

主要演员：田口智朗、柄本明、倍赏美津子、麻生久美子、市原悦子、高山千草、役所广司、绪形拳、丹波哲郎

老爷子的侧影

——儿子眼中的今村昌平

说实话，小的时候，我并不清楚老爷子在外头干些什么。

他绝大多数时候是不在家的。拍《诸神的欲望》时一去冲绳就很久不回家（记得放暑假时我给老爷子写过一张明信片，他回信上贴的琉球邮票成了我珍爱的宝贝），要不他就到国外去，说是去拍纪录片。

说是国外，其实就是去加里曼丹岛、新几内亚、马来西亚那些地方，到那儿去拍什么我一概不知。有一天，他晒得浑身黢黑从国外回来了，身上还带着粗鲁狂放的气息，让我感到像是另外一个人。记得那次他没给我带当地的小玩意来。

他在家的时候，总是把自己关在书房里学习，书房里总是被他抽烟抽得云山雾罩。由于他年轻时就得了老花眼，戴着老花镜没法一目十行地看书，读书得花掉他很长的时间。有时他会用铅笔在书上画线，还有时会在稿纸上写点什么。

虽然那个时候我还很小，但时至今日，我还经常会想起父亲身穿和服读书写字的身影。

他的兴趣是打麻将。有几个面相不好的人一到我们家来就跟他打麻将，一直到半夜都听得到他们的奸笑声，我很讨厌他们。

虽然别人说老爷子是个了不起的导演，可是我一点儿也没有这种感觉。

老爷子有十年时间不能拍电影，吃尽了苦头。他被债主在屁股后头追着要账，全靠我妈接了动画片的活，像一匹拉车的马似的，埋头苦干支撑着这个家。

那个时候，我正在上初中和高中。

记得上小学的时候，家里运来了一套立体声音响。我跟着老爷子一起去唱片店，让他给我买了立体声唱片。那些唱片是老爷子为我挑选的。

买的是《猫王精品集》《蓝色狂想曲》《卡门》《新世界交响曲》，还有美国西部剧的原声带。我不知道他买这些唱片是基于什么标准，但我没别的唱片，只能反复听这几张。

老爷子自己从来不听音乐，也与书画古董之类文人雅士的兴趣无缘，只是难得会在喝醉以后唱唱歌。唱的好像是他年轻时学的俄语和西班牙语歌曲，他那浑厚的男中音唱起来倒是有板有眼的。

好像是在我初中快毕业的时候吧，我妈给老爷子买来了一套落语[1]唱片，是古今亭志生[2]的全集。

我跟老爷子一起坐在起居室里听了《火焰太鼓》和《加钟》，这都是古今亭志生全盛时期的录音。后来，古今亭志生成了我的偶像。但是，老爷子从没带我去过曲艺场。全家一起出门的时候，基本上都是去餐馆。去的店也大致是固定的，不外乎去吃烤肉、鳗鱼、中餐、寿司之类。正因为是食欲很好的老爷子领我们去的，所以在哪儿吃得都非常香。

正像人们传说的那样，老爷子的食量极大。

由于他有一个错误的观念，认为饭吃得越多越好，所以在我们家里，米饭吃得多就会受到他的表扬。

起初只要他坐在餐桌旁，菜碟刚端上来他就开始吃。我妈不喜欢他这样，想了各种办法让他晚点动筷子，可这些努力全都无济于事。即便在酒会上，他也是等不及别人发出"干

---

[1] 落语：日本的一种曲艺形式，类似中国的单口相声。
[2] 古今亭志生（1890—1973）：著名落语家。

杯"号令,就自顾自先喝了起来。上了年纪以后,这个毛病越来越严重,还不分场合地随便抽烟,旁边的人即使不乐意也拿他没办法。

现在他虽然已在戒烟,但还是很想抽,听说这跟我爷爷一样。他以前一直抽的是"高焦"(Hi-lite),后来改抽"回音"(Echo),"回音"停产之后,他又换成了"卡宾"(Cabin)、"卡宾(柔和)",最后抽的是"卡宾超柔型"。

虽然年轻的时候仗着自己强健的身体经常豪饮,但他说那时其实自己并不怎么喜欢喝酒,变得喜欢喝酒是到了中年以后的事。虽然有糖尿病,他却特别爱喝烧酒。一喝烧酒就会兴奋起来,每次都喝得很高兴。

他虽然喜欢打麻将,但绝不是在乎输赢的赌徒,他常说自己"缺牌技"。我们家里总是备有好几套麻将牌,但自从他因为糖尿病变得行走不便之后,就不怎么见他坐到麻将桌旁了。

我小时候,老爷子硬是把打麻将的方法教给了我,可是一上麻将桌,他老骂我"太慢",所以我很讨厌打麻将。长大以后,我更是完全不打麻将。由于老爷子的信条是"玩的时候不认真就没意思",所以在我小的时候,跟老爷子一起玩是件痛苦的事。

说来，他大概很不擅长跟孩子打交道，或许是因为他不知道该怎么对待孩子，老拿对待大人的方法来对待孩子。然而他对我的孩子，也就是对他的孙子而言却实在是一个慈祥的爷爷。不知这是不是上了年纪性情变了的缘故啊？

平时，他只说非说不可的话，打起电话来也特别短，经常是报出姓名、说完要说的事后就把电话挂了。他这么打电话，我猜对方一定会感到困惑的。然而他动笔很勤快，手头总是备有明信片和笔，一收到什么礼物，会第一时间写好感谢信寄出去。

老爷子经常出汗，是个非常怕热的人。即使在冬天，他吃饭的时候也会热得汗流浃背，忍不住脱去衣服裸露上半身。夏天的晚上，他会关掉所有电灯，把窗户全部打开，在黑暗中一边扇着蒲扇一边看棒球的现场转播。棒球他虽然偏爱读卖巨人队，却也算不上是死心塌地的粉丝（顺便提一句，在相扑中他是偏爱大麒麟[1]的）。

装上空调以后，他总是把温度调到最冷的一档，不把温度彻底降下来就会觉得不爽。他老是不顾季节地喊热，一直开着冷气，害得我妈总是发牢骚说"冷得睡不着"。

---

[1] 大麒麟（1942—）：大相扑运动员，本名堤隆能，最高曾获得大关称号。

家里的力气活都是我妈来干（我妈的臂力完全不同于常人），老爷子自己光是在指手画脚动嘴皮子。真不愧是干导演的，发号施令的确在行。他对各种电器一窍不通，连电视节目的录像预约都不会设定。他绝不插手家务事，或者说，他没有一件家务事会干。

说起来，老爷子虽然不是个顾家型的男子，但对于家庭和工作，脑子里是分得一清二楚的。在家里时，他很少提起电影的话题，有时就是把演员叫到家里来，也仅限于北村和夫、西村晃、小泽昭一少数几个人，这些都是他年轻时就结交的老朋友。

有一段时期，老爷子把新年会放到家里来开，每年那时候都会有一百多人来我们家。我妈从年底开始就扎着头带不停地准备各种新年食品，到了新年会上，一眨眼的工夫就全被吃得干干净净。那天从早晨开始就满地滚着酒瓶，也有人喝多了开始胡闹。这个活动太累人了。

新年虽然有那么多人到我们家来，但我只记得拿到过一次压岁钱（一个人给的）。搞电影的人就是那样。

《复仇在我》是老爷子时隔十年后再次执导的故事片，我是在冲绳的电影院里看的。当时我是琉球大学的一年级学生,这是我第一次看到刚公映的老爷子拍的电影(《人间蒸发》我是向学校请了假去看首映的,但我当时是小学生,无法理解那部电影,脑子里只记住了其中噩梦般的几个片断)。

这部《复仇在我》上映前的来龙去脉我很清楚,原作和剧本都曾经读过。然而电影一开始,我就被它震慑住了。这是我第一次真实感受到剧本和导演之间的不同。"痛感自己学识浅薄。"我把这句话写在明信片上寄给了老爷子。虽然我也不清楚自己是哪些学识浅薄,但这是当时的真实感想。

我上大学时,老爷子也到冲绳来过。那次他说正好有点时间,想趁工作之便顺路跟我见一面。我们在和平大街的餐馆里喝了啤酒吃了饭,除了说些正事外,聊得并不起劲。

"每天在上课吧?""嗯,就那么回事呗。"

"这里确实很热啊。""嗯,很热。"

"下一部电影定下来了吗?""怎么说呢?计划是有了,可前途未卜啊。"

有一搭没一搭地瞎聊一阵后,老爷子买完单,又给了我一万日元,就坐出租车到飞机场去了。

我第一次去的老爷子的摄制现场,是《挺好的嘛》的两国外景地。我想看看他在导演时脸上是什么样的表情,可是一看跟平时并没有什么两样。倒是他发现我后笑了笑,好像有点不好意思，然后叫我待在摄影机旁看拍摄。"预备——开始！"那是我第一次听到老爷子指挥拍摄的号令声。

从《鳗鱼》开始，他跟我变成了导演与编剧的关系（其实在《鳗鱼》之前我就帮他写了《肝脏大夫》的剧本，再之前，他没拍成的电影剧本我也帮过点忙）。

父子俩搭档工作，双方都容易拉不下面子，一起做的又是需要主观发散性的电影，就更容易别别扭扭的了。好在我们的血脉是相连的，许多细微的偏好不必言传便可意会。我觉得老爷子跟我是一对非常好的搭档。其他方面我不敢说，但在工作上，我自认是尽到了做儿子的责任。

老爷子在剧本上花的时间很多，会不停地修改，直到自己满意为止。跟他一起工作，我印象很深的是他非常在乎电影要让观众易于理解。有些地方我觉得犯不着那么详细解释，他却完全不同意我的观点，认为如果像我主张的那样，观众也许会看不明白。然而，到了现场，他就像换了一个脑袋似的，未必会把是否易于观众理解作为要考虑的第一要素。

他很喜欢去选外景地，空下来的时候会到处去走，见到喜欢的地方就会构思出许多创意来。拍《鳗鱼》的佐原和拍《肝脏大夫》的牛窗都不是原作中的故事舞台，而是在写剧本以前寻找外景地时已经引起他注意的地方。拍《赤桥下的暖流》

时，他出人意料地决定到富山县去拍（我至今也不明白他为什么选择那里），在富山县到处寻找，最后才找到了冰见这个地方。

他是一个喜欢借助场景来加强电影感染力的导演。只要跟他一起外出收集写剧本所需的材料与资料（同时也寻找外景地），剧本中的各种设定就一定会不停改变。包括这一点在内，我跟着他学到了不少东西，确实很有意思。

特别是在写《肝脏大夫》的时候，因为这部电影的主人公带有我祖父——也就是老爷子父亲的身影，所以他一边写剧本，一边告诉了我许多祖父的事（我的记忆中对祖父没什么印象）。完成剧本花了很长的时间，又在摄制现场度过了整个夏天，所以给我留下了许多回忆。

儿子说这种话可能会被认为是自夸，可我还是得说，老爷子拍的电影真的很好看。电影嘛，首先必须得好看（当然，电影类型不同，好看之处也各不相同）。不管拍什么艰涩的题材，今村制片公司拍出来的电影都很好看。

我特别喜欢的是《二哥哥》《赤色杀机》《复仇在我》和《黑雨》。它们风格各异，结构完整扎实，虽然都是严肃题材的作品，但又都不失幽默。

所谓幽默，是一种令人客观地看着就会笑的感觉。对作家来说，这种感觉是最重要的能力，我觉得有无幽默感本质上取决于人性的强弱。

一部电影的摄制计划安排妥当，马上就要开拍，全家的期望随之高涨，围着餐桌吃饭时的气氛也变得喜洋洋的；可是一天晚上，又冷不防听说摄制计划告吹了，老爷子默不作声地抽着烟，我妈双眼哭得通红，发着无名火。

这种事情好几次、好几次发生过，真的发生过好几次。

即使到了这种境地，老爷子也不忘幽默。有时候他会开个低俗的玩笑，然后装出高兴的样子，哈哈笑出声来，于是我们也一起笑了。这种时候，也只能这样一笑了之。

正因为是在这种环境里长大的，所以我要投身电影界的时候（老爷子知道后既不反对也不支持，只是面有难色地说了声："是吗？"），并没有对未来抱任何幻想。

之所以投身到电影界，是因为电影导演的工作很有意思，比什么游戏都有意思。有时你会感到自己江郎才尽，身心枯竭，气数也走到了头，大脑就像麻痹了一样。

然而，电影也是一种比拼毅力的游戏。我跟着父亲长大，对这一点可以说比任何人都清楚。有一个时期，"摆脱电影"成了当时最时髦的话题。然而当我意识到的时候，自己已经身陷电影之中不可自拔，所以也就只能让别人说我傻了。现在,我也经常教育自己的孩子:"玩的时候不认真就没意思。"

老爷子是个理性的、一本正经的合理主义者,但也是个不擅赚钱的理想主义者。他很勤奋,喜欢女人,好开玩笑,老是钻牛角尖。他食量很大,但不是享乐主义者。他言辞辛辣、刻薄却很讨人喜欢。他并无豪杰之气,胆小且爱虚荣,然而到了关键时刻却很有魄力(甚至有时太过头,让我觉得他是不是疯了)。

他作为同行的老前辈,我当然很尊敬他,通过跟他一起工作学到的东西也不少。然而说到底,对于一个儿子来说,他就是个普通的老爷子。

顺便说一句,写这样的文章我也有点儿难为情,只好请各位读者见谅。

天愿大介

附录：年 谱

1926 年（0 岁）

9 月 15 日，出生于东京大塚，为父亲半次郎和母亲竹节的第三子。父亲在开设耳鼻咽喉科诊所。

1933 年（7 岁）

入东京府女子师范（现东京学艺大学）附小。因患中耳炎入学晚了一个月。

1937 年（11 岁）

与北村和夫成为同班同学。北村后来成了好友和工作中不可或缺的人物。

1939年（13岁）

入东京高等师范（现筑波大学）附中。

1944年（18岁）

为逃避征兵，入桐生高等工业学校（现群马大学工程系）机械专业。该时期为宿舍联欢会编写了节目，从此开始自己写剧本。

1945年（19岁）

五月，大塚的家在空袭中被毁。无家可归的双亲通过母亲娘家远亲的门路移居北海道余市町。今村昌平因住在群马县的学校宿舍里，并未亲眼目睹空袭。8月，在宿舍里听了天皇的广播讲话，第二天递交退学申请书，回到东京。战争结束，无须再担心被征兵，因此没有必要继续留在桐生。随后带着尚在东京的祖母前往北海道。

1946年（20岁）

秋天，为了参加大学入学考试，独自离家回到东京。在新宿的资源科学诸学会联盟附属研究所找到临时工作，并住进那里的阁楼。

1947年（21岁）

入早稻田大学文学系西洋史专业，开始埋头于戏剧活动。

大学时代，参与创立"学生剧场"，还参加了校外的地方公演。当时的搭档有小泽昭一、加藤武及北村和夫。今村昌平原来一直想当舞台剧作家或导演，但看了《酩酊天使》中三船敏郎的表演后，开始对电影发生兴趣，决心要当电影导演。

1951年（25岁）

从早稻田大学第一文学系毕业。本想去黑泽明导演所属的东宝影片公司，但那年该公司并不招人，遂参加松竹影片公司大船制片厂的考试，进入该厂。先作为副导演中途加入小津安二郎的《麦秋》摄制组，其后相继跟随小林正树、野村芳太郎、川岛雄三、涩谷实等导演参与摄制工作。

1953年（27岁）

担任小津安二郎导演《东京物语》剧组的副导演。

十月，母亲竹节因患脑溢血逝世。

1954年（28岁）

六月，跳槽到日活工作。担任山村聪导演《黑潮》剧组和田中绢代导演《月升中天》剧组的副导演，后作为第一副导演，跟随也从松竹跳槽到日活的川岛雄三导演工作了四年。

1955年（29岁）

九月，与在松竹副导演部负责杂务的昭子结婚，在涩谷区笹塚安家。由于学生时代和在松竹工作时不注意健康，得了糖尿病，但仍不改变自己的生活习惯。

1956年（30岁）

在川岛雄三导演《气球》剧组中担任副导演并参与剧本写作。

1957年（31岁）

在川岛雄三导演《幕末太阳传》剧组中担任副导演并参与剧本写作。

1958年（32岁）

导演处女作《被偷盗的情欲》公映，获蓝绶带新人奖。《无穷的欲望》获蓝绶带女配角奖。《西银座站前》公映。

1959年（33岁）

《二哥哥》获文部大臣奖。

1961年（35岁）

《猪与军舰》获蓝绶带最佳作品奖。

1965年（39岁）

从日活辞职，创立今村制片公司。

1968年（42岁）

《诸神的欲望》囊括日本各项电影大奖。

1975年（49岁）

四月，开办横滨影视专门学院（现日本映画学校），担任院长。

1979年（53岁）

《复仇在我》获多项电影奖。

1983 年（57 岁）

《楢山节考》获戛纳国际电影节金棕榈奖。

1986 年（60 岁）

在川崎开办日本映画学校，将《楢山节考》收入的大部分用于建设校舍。

1992 年（66 岁）

辞去日本电影学校的校长职务，担任理事长。

1997 年（71 岁）

以作品《鳗鱼》第二次获戛纳国际电影节金棕榈奖。

2002 年（76 岁）

拍摄最后的作品《九一一事件簿·日本篇》。

2006 年（79 岁）

5月30日，因患转移性肝癌逝世。

图书在版编目（CIP）数据

草疯长 /（日）今村昌平著；高培明译. —北京：新星出版社，2016.8
ISBN 978-7-5133-2220-1

Ⅰ. ①草… Ⅱ. ①今… ②高… Ⅲ. ①今村昌平－自传 Ⅳ. ① K833.135.78

中国版本图书馆 CIP 数据核字（2016）第 151060 号

草 疯 长

（日）今村昌平 著
高培明 译

选题策划：雅众文化
特约策划：方雨辰
特约编辑：陈艺恒
责任编辑：汪 欣
装帧设计：孙晓曦
出版发行：新星出版社
出版人：谢 刚
社　址：北京市西城区车公庄大街丙 3 号楼 100044
网　址：www.newstarpress.com
电　话：010-88310888
传　真：010-65270449
法律顾问：北京市大成律师事务所
读者服务：010-88310811　service@newstarpress.com
邮购地址：北京市西城区车公庄大街丙 3 号楼 100044

印	刷：	山东临沂新华印刷物流集团有限责任公司
开	本：	787mm×1092mm　1/32
印	张：	6.5
字	数：	100 千字
版	次：	2016 年 9 月第一版　2016 年 9 月第一次印刷
书	号：	ISBN 978-7-5133-2220-1
定	价：	42.80 元

版权专有，侵权必究；如有质量问题，请与印刷厂联系更换。

EIGA WA KYOKI NO TABI DEARU
Copyright © 2010 Shohei Imamura
Chinese translation rights in simplified characters arranged with
NIHONTOSHO CENTER Co., LTD
through Japan UNI Agency, Inc., Tokyo